# BASIC
# FRENCH

First English language edition – 1993

ISBN 2–8315–6176–0

Printed in U.S.A. – February 1997

# INTRODUCTION

• • •

## Language Learning with Berlitz

Berlitz aims to help you acquire a practical knowledge of a new language as quickly and as naturally as possible.

A language is conveyed, first and foremost, by words. For over a hundred years, we have dedicated ourselves to the teaching of spoken language.

You are probably reading this introduction because you want to be able to enjoy communicating in French – on vacation, for business or with friends and family. The most useful method of communication is the *spoken language*. It isn't enough to study the mechanics of a language. It's only by *speaking* a language that we can learn to communicate effectively.

It follows, then, that the most effective study program is one that gives you every possible chance to participate, to carry on a dialogue – in other words, *to speak*.

The Berlitz approach is based on a progressive discovery of the language through carefully selected "steps" arranged so that each one depends on the previous one, forming a chain of increasing difficulty. This way, you approach the new language with only the amount of knowledge that can be assimilated within a given time. Mastery of the language is thus achieved progressively and systematically.

## BASIC FRENCH: A Dynamic, Self-Taught Course

This course will enable you to study French at home – by yourself or with a friend. You will be able make progress immediately, without having to study pages and pages of rules!

Words or grammatical structures are translated only when they appear for the first time. In addition, English is limited to a narrow column in the margin of each page; the study sections contain only French. We've done this so you won't get into the habit of translating everything you see or hear back into English.

The English explanations in the margins will help you to understand the French text when you are unsure, but you should try not to rely on them too much. The margins can be easily covered with a piece of paper when you are following the French text.

BASIC FRENCH avoids the use of numerous dull grammatical rules. Instead, BASIC FRENCH presents succinct explanations of points of grammar, expressed in clear, direct language that everyone can easily understand.

## Contents of BASIC FRENCH

a) a book with texts, explanatory notes in English, and exercises in French;

b) three hours of audio material containing recordings of the French text.

## Use of the Course

Here are a few tips to help you get the full benefit of BASIC FRENCH:

1. First listen to a scene without opening your book. Don't try to join in just yet.

2. Then listen again, following the scene in your book, right up to the audio end signal.

3. Go over the same scene, consulting the translation and marginal notes.

4. Go back to the first page of the scene. Listen again, repeating each sentence during the pause. Repeat this process until you don't need the book anymore.

5. Turn off the audio player and read aloud until you feel comfortable with the text.

## Getting the most out of BASIC FRENCH

Here's how to get the best results as quickly as possible:

1. Set aside specific times for your French studies. Allow for three one-hour study sessions per week. Remember that several short sessions at regular intervals are more effective than one longer session.

2. Be sure you master each section before moving on to the next. The program is based on a method of increasing levels of difficulty, so your ability to assimilate each new section will depend on how well you've mastered the previous ones. Study each section from beginning to end at least two or three times. The truth is, mastery of a language involves certain habits, so it can be gained only by repetition. It isn't enough to understand what you hear: you should feel comfortable and be able to answer quickly, without having to think in English first.

3. Always speak out loud. Your pronunciation mechanisms need to learn to move automatically in ways that are almost totally unfamiliar to you. Speaking involves a physical activity, so mental repetition or passive participation isn't enough.

4. Remember that making mistakes while you're learning is inevitable. *Everyone* make lots of mistakes when they're learning a new language, including children as they are assimilating their native tongue. Take advantage of your mistakes; use them as a learning tool.

5. Imitate the French pronunciation as well as you can. Don't be afraid of saying something that doesn't sound right. It's only with practice that you'll be able to speak without sounding "funny" to a native speaker of French. So imitate exactly the sounds and constructions you hear.

We wish you all the best and hope you'll find BASIC FRENCH not only helpful, but fun as well.

# SCÈNE 1

**PROLOGUE**    **Prologue**

| | |
|---|---|
| Jacques | *Écoutez!* |
| | *Écoutez* **la musique!** |
| | Écoutez … |
| | **Une voiture.** |
| | Une Chevrolet. |
| | Une voiture **américaine.** |
| | **Et ça?** |

**Écoutez!** – Listen! Polite imperative of the verb **écouter** – to listen. The final **-z** is silent.

**la musique** – the music (feminine). All French nouns are either masculine or feminine.

**une voiture** – a car, an automobile, (feminine in French)

**américaine** – American (feminine adjective to agree with **une voiture**)
**et** – and
**ça** – this (masculine and feminine)

**c'est** – it's

C'est une Toyota.

**japonaise** – Japanese (feminine). The French **j** sound is pronounced like the soft second **g** in the English word **garage**.

Une voiture **japonaise.**

Et ça?

**française** – French (feminine). The **ç** (cedilla) represents a soft **s** sound where a **k** sound would be expected, as before the vowel **a.**
**oui** – yes

C'est une voiture **française!**

Une Peugeot.

**Oui,** une Peugeot.

**la** – the (feminine article)
**est** – is. 3rd–person singular of the verb **être** – to be.
**une voiture française** – a French automobile. Notice that an adjective of nationality follows the noun and is not capitalized.
**Répétez.** – Repeat. Polite imperative of the verb **répéter** – to repeat.

**La** Peugeot **est** une voiture française. *Répétez.*

La Toyota est une voiture japonaise.

Et la Chevrolet est une voiture américaine.

*Répétez: a* - mé - ri - caine

ja - po - naise

fran - çaise

**Bien!** – Good! Well done!

**Bien!**

*Écoutez …*

**un taxi** – a taxi

Ah! C'est **un taxi.**

*Répétez:* un taxi, une voiture.

**un, une** – a, an (masculine and feminine articles). In French, the article and adjective must agree in gender with the nouns they modify.

**Un - une.**

Un - une.

Un - une.

…

Ah! C'est Pierre.

**Maintenant,** *écoutez* …

**Une horloge.**

C'est une horloge.

*Répétez,*

*répétez* **après** Pierre:

Pierre ⸱⸱⸱ **Un.**

Jacques *Répétez:* Un.

Pierre ⸱⸱⸱ **Deux.**
⸱⸱⸱ **Trois.**
⸱⸱⸱ **Quatre.**
⸱⸱⸱ **Cinq.**
⸱⸱⸱ **Six.**
⸱⸱⸱ **Sept.**
**Sept heures.**
**Huit.**
**Huit heures!**

**maintenant** – now

**une horloge** – a clock. Notice that the initial **h-** is usually silent in French.

**après** – after

**un** – one (the number)

**deux** – two
**trois** – three
**quatre** – four
**cinq** – five
**six** – six
**sept** – seven
**sept heures** – seven o'clock. Literally: seven hours.
**huit** – eight
**huit heures** – eight o'clock.
Notice that a word beginning with a silent **h** (or a vowel) is linked with the final consonant of the previous word. This linking of sounds is called **liaison.**

**Il est huit heures.** – It's eight o'clock. Literally: It is eight hours.

**neuf** – nine. In **neuf heures,** the final **-f** sounds like **v** because of liaison.

**Oh là, là!** – Oh, my! This expression conveys many emotions, including dismay and surprise.

| Jacques | *Répétez:* **Il est huit heures.** |
|---|---|

| Pierre | **Neuf.**<br>Il est neuf heures. …<br>Neuf heures? Il est neuf heures?<br>**Oh là, là!** Il est neuf heures! … |
|---|---|

**M.** – Mr. (the written abbreviation for **monsieur**)

**le professeur** – the teacher

**Entrez!** – Come in! Polite imperative of the verb **entrer** – to enter.

**Bonjour** – Hello. Good morning. Good day.

**Monsieur** – sir

**Est–ce qu'il est ...?** – Is it ...? Beginning a sentence with **est–ce que** turns it into a question. Notice the contraction **qu'** before a vowel.

| Jacques | C'est **M.** Clément, **le professeur.** |
|---|---|

| M. Clément | … Oui, entrez!<br>… Ah! Pierre, bonjour. |
|---|---|
| Pierre | Bonjour.<br>**Bonjour, Monsieur.** |
| M. Clément | Il est neuf heures?<br>**Est-ce qu'il est** neuf heures? |
| Pierre | Oui, Monsieur.<br>Il est neuf heures. |

**question** – question. The letter combination **qu** has a **k** sound in French, not a **kw** sound as in English.

**non** – no

**il n'est pas** – it isn't. The words **ne** and **pas** surrounding a verb make it negative. Notice the contraction **n'** before a vowel.

| Jacques | *Question:* Il est six heures? **Non,** … |
|---|---|
| Jacqueline | Non, **il n'est pas** six heures. *Répétez.* |
| Jacques | *Question:* Est-ce qu'il est sept heures? Non, … |
| Jacqueline | Non, il n'est pas sept heures. *Répétez.* |
| Jacques | *Question:* Est-ce qu'il est huit heures? |

**Répondez.** – Reply. Polite imperative of the verb **répondre** – to reply, to answer.

| | *Répondez:* Non, … |
|---|---|
| Jacqueline | Non, il n'est pas huit heures. |

| Pierre | Oh là, là! Il est neuf heures! |

| Jacques | **Quelle heure est-il?** |
| Jacqueline | Il est neuf heures. |
| Jacques | **Pardon?** |
| | Quelle heure? |
| Jacqueline | Neuf heures. |
| Jacques | Ah! **Merci.** |

**Quelle heure est-il?** – What time is it? Literally: What hour is it? **Quelle** means what or which, and agrees with **heure** (feminine). **Est-il** is another way to ask a question: by inverting the usual order of subject and verb.
**Pardon?** – Pardon? Excuse me?

**Merci.** – Thank you.

•••

# FIN DE LA **SCÈNE 1**

# Exercise 1

**1.** Read in French:  1, 2, 3, 4, 5, 6, 7, 8, 9.
9, 8, 7, 6, 5, 4, 3, 2, 1.
1, 3, 5, 7, 9.
2, 4, 6, 8.

**2.** Quelle heure est-il?

**3.** Quelle heure est-il?

**4.** Est-ce qu'il est six heures?

(Il est six heures?)

Quelle heure est-il?

**CORRECTION.**

1. Un, deux, trois, quatre, cinq, six, sept, huit, neuf.
Neuf, huit, sept, six, cinq, quatre, trois, deux, un.
Un, trois, cinq, sept, neuf.
Deux, quatre, six, huit.
2. Il est deux heures.
3. Il est quatre heures.
4. Non, il n'est pas six heures.
Il est sept heures.

# SCÈNE 2

**PIERRE SE TROMPE**  **Pierre Makes a Mistake**

| Jacques | *Écoutez!* |
| | *Écoutez,* **s'il vous plaît!** |
| | Un - deux, un - deux, un - deux, un - deux … |
| | *Répétez:* Un, deux, trois, quatre, cinq. |
| | Cinq, six, sept. |
| | Huit, neuf, dix. |
| | **Dix.** |

**s'il vous plaît** – please. Literally: if it pleases you. **Vous** is the polite **you** form.

**dix** – ten

**onze** – eleven

**douze** – twelve

**font** – make, total. 3rd-person plural of the verb **faire** – to make, to do. Notice that the ending is silent; most final consonants are not pronounced in French.

**Combien ...?** – How much ...? Use this phrase for asking questions about quantity (as here) and cost.
**C'est ça!** – That's it! You've got it!
**très** – very. French speakers distinguish the open sound of the grave accent **è** (similar to the **e** in the English word **egg**) from the more closed sound of the acute accent **é** (similar to a clipped **a** in the English word **tape**).

**faux** – false, incorrect (masculine)

**Onze.**

**Douze.**

*Répétez:* Dix, onze, douze …

*Écoutez:* Pierre et le professeur.

| | |
|---|---|
| M. Clément | Deux … et deux … **font** … quatre. |
| | Deux et deux font quatre. |
| Pierre | Deux et deux font quatre. |
| M. Clément | *Question:* Est-ce que … deux et … trois font cinq? |
| Pierre | Oui, deux et trois font cinq. |
| M. Clément | Bien! |
| | *Question:* Est-ce que trois et trois font six? |
| Pierre | Oui, trois et trois font six. |
| M. Clément | C'est ça! Bien! |
| | Est-ce que six et six font onze? |
| Pierre | Non …! Six et six ne font pas onze. |
| M. Clément | *Question:* **Combien** font six et six? |
| Pierre | Six et six font douze! |
| M. Clément | Oui, **c'est ça,** Pierre! **Très** bien! |
| | Est-ce que huit et trois font dix? |
| Pierre | Non, Monsieur, huit et trois ne font pas dix. |
| M. Clément | Combien font huit et trois? |
| Pierre | Huit et trois font onze! |
| M. Clément | Très bien! |
| | Combien font cinq et quatre? |
| Pierre | Cinq et quatre font … dix? |
| M. Clément | Dix? Cinq et quatre? |
| | Non, Pierre, … ce n'est pas ça. |
| | Ce n'est pas ça! |
| | C'est **faux!** C'est faux! |
| Pierre | C'est faux? |
| M. Clément | Oui, c'est faux: cinq et quatre ne font pas dix. |
| | Cinq et quatre font neuf! |
| Pierre | Ah! |

| Jacques | Maintenant, *écoutez:* |
|---|---|

… C'est **un franc.**

… Un franc.

Deux francs.

Trois francs.

*Question:* Combien font trois francs …

et deux francs …?

| Jacqueline | Trois francs et deux francs font cinq francs. |
|---|---|
| Jacques | Et combien font cinq francs et trois francs? |
| Jacqueline | Cinq francs et trois francs font huit francs. |
| Jacques | Et maintenant, combien font huit francs |

et deux francs?

| Jacqueline | Huit francs et deux francs font dix francs. |
|---|---|
| Jacques | Et oui, c'est ça: dix francs. |

Dix.

… **Le téléphone.**

C'est le téléphone. …

*Répétez* après Pierre:

**un franc** – one franc. The franc is the basic monetary unit of several French-speaking countries, including France, Belgium, and Switzerland. Its symbol in written prices is **F.** In international contexts, this symbol may be specified, for example, as **FF** (**francs français** – French francs).

**le téléphone** – the telephone (masculine). Notice the difference in pronunciation of the accented vowels in **téléphone** and **très.**

**Allô?** – Hello? Used when speaking on the telephone but not in face-to-face conversation.

**une minute** – one minute, a minute. To pronounce the characteristic French **u** sound, purse your lips firmly as if to whistle and say **ee** (as in the English word **see**). You might find it helpful, at the same time, to push your upper lip down in the middle with your index finger.

**la fenêtre** – the window

**Fermez.** – Close, shut. Polite imperative of the verb **fermer** – to close.

**pas à** – not at. Notice the shortened form of the question, which omits the usual **ne** + verb combination. Shortened questions are used often in colloquial or rapid speech.

**À quelle heure?** – At what time? Literally: At what hour?

**D'accord.** – Okay. All right. Agreed.

| | |
|---|---|
| Pierre | **Allô?** |
| | Allô, Marie? |
| | Oui, oui, **une minute,** s'il vous plaît. |
| | Une minute. |
| | Monsieur! |
| | Monsieur le professeur! |
| | M. Clément! |
| | Le téléphone! |
| | C'est Marie. |
| M. Clément | Allô, Marie? |
| | Oui, oui … |
| | Oh, Marie, une minute, s'il vous plaît! |
| | Pierre! |
| | **La fenêtre!** |
| Pierre | Pardon? |
| M. Clément | La fenêtre! |
| | **Fermez** la fenêtre, s'il vous plaît. |
| | … Merci, Pierre. |
| | Allô, Marie? |
| Marie | … |
| M. Clément | Oui, à neuf heures. |
| Marie | … |
| M. Clément | Non? **Pas à** neuf heures? |
| | **À quelle heure?** À dix heures? |
| | À dix heures? Oui? |
| | **D'accord.** À dix heures. |

| | |
|---|---|
| Jacques | *Répétez:* Oui, d'accord. Oui, à dix heures. |

| | |
|---|---|
| M. Clément | Pas à neuf heures! … À dix heures! |
| Pierre | Pas à neuf heures! … À dix heures! |

| | |
|---|---|
| Jacques | *Répétez:* Marie **vient** à dix heures. |

Pas à neuf heures.

Marie ne vient pas à neuf heures.

Pas à huit heures.

Marie **ne vient pas** à huit heures.

Est-ce que Marie vient à sept heures?

*Répondez:* Non, …

| | |
|---|---|
| Jacqueline | Non, Marie ne vient pas à sept heures. |
| Jacques | *Question:* Est-ce que Marie vient à six heures? |
| Jacqueline | Non, Marie ne vient pas à six heures. |
| Jacques | *Question:* À quelle heure vient Marie? *Répondez.* |
| Jacqueline | Marie vient à dix heures. |
| Jacques | **Exactement!** |

Merci.

**vient** – is coming, comes. 3rd-person singular of the verb **venir** – to come.

**ne vient pas** – isn't coming, doesn't come. Remember that **ne** before and **pas** after a verb make it negative.

**Exactement!** – Exactly!

•••

# FIN DE LA **SCÈNE 2**

# Exercise 2

1.   Write the numbers in French:   1 _____   4 _____   7 _____   10 _____

   2 _____   5 _____   8 _____   11 _____

   3 _____   6 _____   9 _____   12 _____

2.   Combien font trois et deux?

3.   Combien font cinq et quatre?

4.   Est-ce que dix et deux font onze? (Dix et deux font onze?)

5.   Combien font dix et deux?

6.   Read in French:     6 + 2 = 8
   7 + 4 = ?

# Exercise 2

|   |   | Oui<br>(C'est vrai.) | Non<br>(C est faux.) |
|---|---|:---:|:---:|
| **7.** | Yes or no? (True or false?) | | |
| **a.** | Six et six font douze. ............................................................ | X | |
| **b.** | Un franc et deux francs font cinq francs. ............................ | | X |
| **c.** | Deux et deux ne font pas quatre. ........................................ | | |
| **d.** | La Peugeot est une voiture française. ................................. | | |
| **e.** | La Toyota est une voiture japonaise. ................................... | | |

**8.** À quelle heure vient Marie?

---

**CORRECTION.**

1.  un      quatre   sept   dix
    deux     cinq     huit   onze
    trois    six      neuf   douze

2.  Trois et deux font cinq.
3.  Cinq et quatre font neuf.
4.  Non, dix et deux ne font pas onze.
5.  Dix et deux font douze.
6.  Six et deux font huit.
7.  Combien font sept et quatre? (Sept et quatre font combien?) Sept et quatre font onze.

7.       Oui    Non
    a.   X
    b.   X
    c.       X
    d.       X
    e.       X

8.  Marie vient à dix heures.

# SCÈNE 3

**VOCABULAIRE SIMPLE**     **Simple Vocabulary**

| | |
|---|---|
| Jacques | *Écoutez:*… |
| | *Question:* C'est une horloge? *Répondez:* Oui, … |
| Jacqueline | Oui, c'est une horloge. |
| Jacques | Et ça? … |
| | *Question:* Est-ce une horloge? Oui **ou** non? |
| Jacqueline | Non, ce n'est pas une horloge. |
| | C'est **une montre.** *Répétez:* une montre. |

**ou** – or

**une montre** – a (wrist)watch

**de** – of. The combination noun + **de** + person shows possession: **la montre de M. Clément** – Mr. Clement's watch. Literally: the watch of Mr. Clement.

**Qu'est-ce que c'est?** – What is it? Like its English equivalent, this question is usually asked to find out information, as it is here. In certain situations this same question also may be asked in a concerned tone to find out What's wrong? What's the matter?, as in English.

| | |
|---|---|
| Jacques | C'est la montre **de** M. Clément. |
| | *Écoutez:* … |
| | *Question:* Est-ce une horloge ou la montre de M. Clément? *Répondez:* C'est … |
| Jacqueline | C'est la montre de M. Clément. |
| Jacques | Pardon? Est-ce la montre de Pierre ou de M. Clément? |
| Jacqueline | C'est la montre de M. Clément. |
| Jacques | *Répétez:* Ce n'est pas la montre de Pierre et ce n'est pas la montre de Marie. Maintenant, *écoutez:* … Est-ce une montre? |
| Jacqueline | Non, ce n'est pas une montre. |
| Jacques | … **Qu'est-ce que c'est?** |
| Jacqueline | C'est le téléphone. |
| Jacques | C'est le téléphone de M. Clément? Oui, … |
| Jacqueline | Oui, c'est le téléphone de M. Clément. |
| Jacques | *Écoutez:* … Est-ce la fenêtre? Oui, … |
| Jacqueline | Oui, c'est la fenêtre. |

| | |
|---|---|
| Jacques | Et ça, … **Est-ce** la fenêtre? Non, … |
| Jacqueline | Non, ce n'est pas la fenêtre. |
| Jacques | Qu'est-ce que c'est? |
| Jacqueline | C'est **la porte.** *Répétez:* la porte. |
| Jacques | C'est une porte. Et ça? … Qu'est-ce que c'est? |
| Jacqueline | C'est une horloge. |
| Jacques | Très bien! *Répétez:* **Voici** la porte, et **voilà** la fenêtre. |
| | Voici une montre, voilà une horloge, |
| | et voilà le téléphone. … |
| | Voici le téléphone de M. Clément, … |
| | Et voilà le téléphone de Marie. |
| | *Répétez:* voici - voilà. … |
| | Ah! Voici Pierre! |

**Est-ce …?** – Is it …? Shortened form of **Est-ce que c'est …?** – Is it …?

**la porte** – the door. Notice that the final **-e** is silent but the **t** before it is pronounced. Compare the French word **port** (same meaning as in English), in which the final **-t** is silent. This contrast shows a general pattern of French pronunciation: the last consonant in a word is usually silent unless a final **-e** follows it.

**Voici …** – Here is … Here are … This is … These are …

**Voilà …** – There is … There are … That is … Those are …

| | |
|---|---|
| Pierre | Un - deux - trois, <br> Voici - voilà! <br> Ah! Voilà une voiture! <br> Deux, … trois voitures! <br> Et voilà **une bicyclette!** <br> Une bicyclette, … <br> et **un chien** … <br> Un chien! |
| M. Clément | Pierre, s'il vous plaît, fermez la fenêtre. <br> … **Ouf!** Merci. |

**une bicyclette** – a bicycle

**un chien** – a dog

**Ouf!** – Phew! Expression of relief.

| | |
|---|---|
| Jacques | Ça, … qu'est-ce que c'est? |
| Jacqueline | C'est un chien. |
| Jacques | Et ça, qu'est-ce que c'est? |
| Jacqueline | C'est une bicyclette. |
| Jacques | Est-ce la bicyclette de Pierre? Oui, … |
| Jacqueline | Oui, c'est la bicyclette de Pierre. |
| Jacques | … Et voilà **une motocyclette.** |
| | … Est-ce la motocyclette de Pierre? Non, … |
| Jacqueline | Oh non, ce n'est pas la motocyclette de Pierre! |
| Jacques | Et ça maintenant, … est-ce **la radio?** Oui, … |
| Jacqueline | Oui, c'est la radio. |
| Jacques | C'est la radio de M. Clément? Oui, … |
| Jacqueline | Oui, c'est la radio de M. Clément. |
| Jacques | Bien, très bien! |

**une motocyclette** – a motorcycle. Many French people use a less powerful, less expensive **motobécane** or **mobylette** – motor scooter for transportation.

**la radio** – the radio

Maintenant, *écoutez* Pierre et M. Clément:

| | |
|---|---|
| Pierre | Ah! Voici la radio de M. Clément. M. Clément? |
| M. Clément | Oui? |
| Pierre | Ça, Monsieur? … Qu'est-ce que c'est? … **Un violon?** |
| M. Clément | Oui, Pierre, c'est un violon. |
| Pierre | … Oh! Et ça? Est-ce **un piano?** |

**un violon** – a violin

**un piano** – a piano

| M. Clément | Oui, Pierre, c'est un piano. |
| Pierre | Un piano, un violon, un téléphone, … |
| | une voiture, une horloge, une fenêtre, ah … |
| M. Clément | **Eh, oui! Alors,** Pierre, "piano": un ou une? |
| Pierre | Un piano! |
| M. Clément | "Violon": un ou une? |
| Pierre | Un violon. |
| M. Clément | "Chien": un ou une? |
| Pierre | Un chien. |
| M. Clément | "Taxi": un ou une? |
| Pierre | Un taxi. |
| M. Clément | Oui, un taxi ou **le** taxi. |
| | Une motocyclette ou la motocyclette. |
| | "Voiture": le ou la? |
| Pierre | La voiture! |
| M. Clément | "Musique": le ou la? |
| Pierre | La musique. |
| M. Clément | Un **chat.** … |
| | "Chat": le ou la? |
| Pierre | Chat? |
| M. Clément | Oui, "chat": le ou la? |
| Pierre | Euh, … le … chat? |
| M. Clément | Oui! Le chat! Très, très bien, Pierre! |
| | **Bravo!** |
| Pierre | Bravo! Bravo! |
| M. Clément | Bravo, et … merci! |

**Eh oui!** – So then! Literally: (And) yes! Expression of summary, wrap-up, or conclusion.

**alors** – so, now then

**le** – the (masculine definite article). Remember that the article agrees in gender with the noun it modifies. You've already seen the feminine article **la.** Both **le** and **la** contract to **l'** before a noun that begins with a vowel or silent **h-,** whether the noun is masculine (**l'hôtel** – the hotel) or feminine (**l'horloge** – the clock).

**le chat** – the cat

**Bravo!** – Bravo! Hooray!

•••

# FIN DE LA **SCÈNE 3**

# Exercise 3

**1.** The article:

|  | Masculine | Feminine |
|---|---|---|
|  | **un** | **une** |
|  | **le (l'** before a vowel) | **la (l'** before a vowel) |

| Qu'est-ce que c'est? | C'est un chien. | C'est une voiture. |
|---|---|---|
|  | C'est le chien. | C'est la voiture. |

| Qu'est-ce que c'est? | C'est un téléphone. | C'est une horloge. |
|---|---|---|
|  | C'est le téléphone. | C'est l'horloge. |

**2.** Complete this chart:

| | **un, une** | **le, la, l'** |
|---|---|---|
| **a.** minute | une minute | la minute |
| **b.** bicyclette | | |
| **c.** taxi | | |
| **d.** porte | | |
| **e.** fenêtre | | |
| **f.** chat | | |
| **g.** musique | | |
| **h.** piano | | |
| **i.** montre | | |
| **j.** heure | | |
| **k.** franc | | |
| **l.** professeur | | |

# SCÈNE 4

**QUI ÊTES-VOUS?**   **Who Are You?**

| | |
|---|---|
| Jacques | *Écoutez:* Voici le professeur, M. Clément. |
| | *Répétez* après M. Clément et après Pierre: |

| | |
|---|---|
| M. Clément | Pierre, quelle heure est-il maintenant? |
| Pierre | Maintenant, il est … dix heures, Monsieur. |
| M. Clément | C'est ça, il est dix heures. |
| | … Et maintenant? |
| Pierre | Maintenant, il est dix heures cinq. |
| M. Clément | Dix heures, dix heures cinq, dix heures dix, … |
| | Ah, **là-là, là-là!** … Et Marie? |
| Pierre | Marie? |

**là-là, là-là** – Used here to express impatience. Literally: there, there; there, there.

**Excusez-moi.** – Excuse me. Polite imperative of the verb **excuser** – to excuse, to forgive. The objective pronoun **moi** (me) can stand alone for emphasis.

**Ça va.** – It's all right. Literally: It's going. This versatile expression is used here to accept an apology.

**j'écoute** – I'm listening, I listen. 1st-person singular of the verb **écouter** – to listen. When one uses this phrase to answer the telephone, it means Go ahead, speak.

**pour vous** – for you (polite). **Vous** is the 2nd-person singular polite and plural objective pronoun.

**Hein?** – Eh? What? Notice that the **h-** is silent.

**je** – I. 1st-person singular subjective pronoun. Notice the contraction **j'** before a vowel, as in **j'écoute,** above.

**suis** – am. 1st-person singular of the verb **être** – to be.

**Je regrette.** – I regret. I'm sorry. 1st-person singular of the verb **regretter** – to regret, to be sorry. Use it to apologize.

**japonais** – Japanese (masculine)

**français** – French (masculine)

**vous** – you. 2nd-person singular polite and plural emphatic pronoun. Notice that the subjective pronoun **vous** is identical.

**êtes** – are. 2nd-person singular polite and plural form of the verb **être** – to be.

**Êtes-vous ...?** – Are you ...?

**étudiant** – student (masculine). The article **un, une** is dropped before the name of a profession.

| | |
|---|---|
| M. Clément | Oui! ... Ah! Voilà Marie! Entrez! ... Oui, entrez! Entrez, s'il vous plaît. ... |
| Marie | Bonjour, Monsieur. Bonjour, Pierre. |
| M. Clément et Pierre | Bonjour, Marie! |
| Pierre | Il est dix heures dix, Marie! |
| Marie | Oui, ... **excusez-moi.** |
| M. Clément | **Ça va,** Marie. |
| Marie | Éxcusez-moi, Monsieur. |
| M. Clément | Ça va, ça va. |
| Marie | ... Allô, **j'écoute** ... Allô, j'écoute. ... Ah! Une minute, s'il vous plaît. ... M. Clément! C'est **pour vous!** |
| M. Clément | Allô, oui? |
| (Téléphone) | Nakamura-san? |
| M. Clément | **Hein?** Non ... |
| (Téléphone) | Nakamura-san? |
| M. Clément | Non! |
| (Téléphone) | Nakamura-san? |
| M. Clément | Non! **Je** ... ne ... **suis** ... pas ... M. Nakamura! Je suis ... M. Clément. "Clé - ment." Pas "Nakamura!" Je ne suis pas M. Nakamura. |
| (Téléphone) | Oh? Oh, excusez-moi! Excusez-moi, **je regrette!** |
| M. Clément | Ça va. ... Nakamura! Je ne suis pas M. Nakamura. Je suis M. Clément. Je ne suis pas **japonais.** Je suis **français.** |
| Pierre | Je suis M. Nakamura! |
| M. Clément | Pierre! |
| Pierre | Je suis M. Nakamura. Je suis japonais! |
| M. Clément | Non, Pierre, vous ... n'êtes ... pas ... japonais. |
| Pierre | Et **vous? Vous êtes** japonais? |
| M. Clément | Non, je ne suis pas japonais. Je suis francais, et je suis professeur. Et vous, Pierre, **êtes-vous** professeur? |
| Pierre | Oh non, Monsieur, je ne suis pas professeur! Je suis **étudiant.** |

| | |
|---|---|
| M. Clément | **Bon,** bon, vous êtes … étudiant. |
| | … Et **vous,** Marie? |
| Marie | **Moi?** |
| M. Clément | Oui, vous. |
| Marie | Moi, … je suis **secrétaire.** |
| Pierre | C'est ça, vous êtes secrétaire, et je suis étudiant. |
| M. Clément | Vous, Marie, vous êtes secrétaire. |
| | Vous, Pierre, vous êtes étudiant. |
| | Et moi, M. Clément, je suis professeur. |

**bon** – good
**vous** – you. 1st-person singular emphatic pronoun.

**secrétaire** – secretary (masculine and feminine). Again, notice that the article **un, une** is dropped in **vous êtes secrétaire** – you are (a) secretary.

| | |
|---|---|
| Jacques | *Question:* **Qui** êtes-vous? Je suis … |
| | Pardon, qui?… Ah! Très bien. |
| | Moi, je suis Jacques. |
| Jacqueline | Et moi, je suis Jacqueline. |
| Jacques | Maintenant, *écoutez:* |

**Qui ...?** – Who …? (masculine and feminine)

| | |
|---|---|
| Marie | … Allô? Allô? J'écoute … |

| | |
|---|---|
| Jacques | *Question:* Est-ce le professeur? Non, … |
| Jacqueline | Non, ce n'est pas le professeur. |
| Jacques | Est-ce **Mme** Duval? |
| Jacqueline | Non, ce n'est pas Mme Duval. |

**Mme** – Mrs. (written abbreviation for **madame**)

| | |
|---|---|
| Marie | … Allô? |

| | |
|---|---|
| Jacques | *Question:* Qui est-ce, Pierre ou Marie? |
| Jacqueline | C'est Marie. |
| Jacques | Et maintenant: |

---

| | |
|---|---|
| Pierre | Oh non, je ne suis pas le professeur! |

---

| | |
|---|---|
| Jacques | … Qui est-ce, Pierre ou Marie? |
| Jacqueline | C'est Pierre. |
| Jacques | Bon, très bien. Pierre est étudiant. *Répétez.* |
| | Ou: **Il** est étudiant. |
| | Marie est secrétaire. *Répétez.* |
| | Ou: **Elle** est secrétaire. |
| | *Question:* Est-ce que Pierre est français? Oui, il est … |
| Jacqueline | Oui, il est français. |
| Jacques | Il n'est pas japonais? Non, il n'est pas … |
| Jacqueline | Non, il n'est pas japonais! |
| Jacques | *Question:* Pierre est-il secrétaire? |
| Jacqueline | Non, il n'est pas secrétaire. |
| Jacques | Et Marie … est-elle secrétaire? Oui, elle est … |
| Jacqueline | Oui, elle est secrétaire. |
| Jacques | *Question:* Marie est-elle japonaise? |

**il** – he, it. 3rd-person singular subjective pronoun. Use **il** to refer not only to male persons but to masculine objects, such as **le taxi: Il est français.**
**elle** – she, it. 3rd-person singular subjective pronoun. Use **elle** to refer not only to female persons but to feminine objects, such as **la voiture: Elle est française.**

| | |
|---|---|
| Jacqueline | Non, elle n'est pas japonaise. |
| Jacques | Est-elle française? |
| Jacqueline | Oui, elle est française. |
| Jacques | Et M. Clément? M. Clément est-il japonais ou français? |
| Jacqueline | Il est français. |
| Jacques | *Répétez:* il - elle. |
| | Il est - elle est. |
| | Il n'est pas - elle n'est pas. |
| | Je suis - je ne suis pas. |
| | Vous êtes - vous n'êtes pas. |
| | ... Très bien! Merci. |

•••

# FIN DE LA **SCÈNE 4**

# Exercise 4

**1.** Read in French:

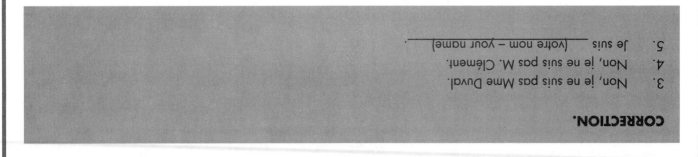

"Je suis M. Clément."
"Je suis professeur."

"Je suis Marie."
"Je suis secrétaire."

"Je suis Pierre."
"Je suis étudiant."

**2.** Review these forms of the verb **être:**

| | | |
|---|---|---|
| Oui, | je **suis** ... | Non, je **ne suis pas** ... |
| | vous **êtes** ... | vous **n'êtes pas** ... |
| | il **est** ... | il **n'est pas** ... |
| | elle **est** ... | elle **n'est pas** ... |

**3.** Et vous? Êtes-vous Mme Duval?

**4.** Êtes-vous M. Clément?

**5.** Alors, qui êtes-vous?

**CORRECTION.**

3. Non, je ne suis pas Mme Duval.
4. Non, je ne suis pas M. Clément.
5. Je suis _____ (votre nom – your name).

# SCÈNE 5

**MUSIQUE CLASSIQUE OU MODERNE?**    **Classical or Popular Music?**

| Jacques | Monsieur, **Madame,** ou **Mademoiselle,** *écoutez!* Vous écoutez? |
|---|---|
| Jacqueline | Oui, j'écoute. J'écoute. … |
| Jacques | Bon! Voilà le professeur de Pierre, M. Clément. |

| M. Clément | Eh bien, Pierre, est-ce que vous écoutez? |
|---|---|
| Pierre | Oui, Monsieur, j'écoute. … J'écoute la radio, … j'écoute la musique, et j'écoute le professeur! |

**Madame** – Madam (Mrs.)
**Mademoiselle** – Miss. French has no equivalent for the English **Ms.** Women are addressed either as **Madame** or **Mademoiselle.** Unlike the abbreviation **M.** (for **Monsieur**), the abbreviations **Mme** (for **Madame**) and **Mlle** (for **Mademoiselle**) take no periods.

**Ça va.** – That's enough. You've already seen this phrase, meaning That's all right, in Scene 4. Context and intonation help you figure out the intended meaning.

**de la** – some (American music). French uses **de** + article to refer to an example, part, or quantity of a singular object or concept. This reference is more explicit than in English, where the idea of "some" often is implied but not expressed.

**mais** – but

**rock and roll** – Modern American and British music is very popular in France. In addition to rock, the French enjoy jazz, blues, rap, and country and western music.

**pour moi** – to me, in my opinion. Literally: for me.

**Stop!** – Stop! French has borrowed many expressions from English.

**Arrêtez!** – Stop! Polite imperative of the verb **arrêter** – to stop.

**italienne** – Italian (feminine)

**de l'** – some. (See **de la** above.) Use **de l'** before singular nouns that begin with a vowel or a silent **h-**. Use **de la** before all other singular feminine nouns. Use **du** (contraction of **de + le**) before all other singular masculine nouns.

**opéra** – opera. This word is one of the few French masculine nouns that end in **-a.**

**italien** – Italian (masculine)

**américain** – American (masculine). Notice the gender agreement of adjectives and nouns: **le rock and roll américain** (masculine), **la musique américaine** (feminine).

| | |
|---|---|
| M. Clément | Oui, oui, **ça va** … |
| Pierre | … Monsieur, Monsieur, écoutez: **de la** musique américaine! |
| M. Clément | De la musique? Ça, c'est de la musique? |
| Pierre | Oui, Monsieur, c'est de la musique américaine! |
| M. Clément | Non, non, non, Pierre: ce n'est pas de la musique! |
| Pierre | **Mais** M. Clément, c'est du **rock and roll!** |
| M. Clément | Oui, oui, eh bien, **pour moi,** le rock and roll, ce n'est pas de la musique. |
| Pierre | Pas de la musique? Mais le rock américain …! |
| M. Clément | Américain ou français ou japonais, pour moi, le rock, ce n'est pas de la musique. |
| Pierre | Oh, Monsieur, mais écoutez ça: … |
| M. Clément | Pierre, s'il vous plaît! **Stop! Arrêtez!** … Ouf! Merci. |

| | |
|---|---|
| Jacques | Oui, Pierre, arrêtez! … Mmm … Qu'est-ce que c'est? |
| | C'est de la musique **italienne.** *Répétez.* |
| | … C'est **de l'opéra,** de l'opéra **italien.** |
| | Maintenant, Monsieur, Madame ou Mademoiselle, |
| | *répétez,* s'il vous plaît: |
| | le rock and roll – la musique, |
| | le rock and roll **américain** – la musique américaine, |
| | le - la, américain - américaine, |
| | français - française, japonais - japonaise, |
| | italien - italienne. |
| | *Répétez* après moi: J'écoute, vous écoutez, |

il écoute, elle écoute.

*Répétez:* Non, je n'écoute pas, vous n'écoutez pas,

il n'écoute pas, elle n'écoute pas.

*Écoutez* Pierre:

> Let's review some forms of the verb **écouter** – to listen. Notice that the **je, il,** and **elle** forms are identical:
> **j'écoute** – I listen
> **vous écoutez** – you listen
> **il écoute** – he listens
> **elle écoute** – she listens

| | |
|---|---|
| Pierre | Tra la la, un - deux - trois, voici - voilà, la la la ... |

| | |
|---|---|
| Jacques | Pierre **chante.** *Répétez.* |
| | *Question:* Est-ce que Pierre chante en italien? |
| Jacqueline | Non, Pierre ne chante pas en italien. |
| Jacques | Est-ce qu'il chante à l'opéra? |
| Jacqueline | Non, il ne chante pas à l'opéra. |
| Jacques | Alors il ne chante pas *Madame Butterfly*? Non, ... |
| Jacqueline | Non, il ne chante pas *Madame Butterfly*. |
| Jacques | Et Marie? ... Est-ce qu'elle chante maintenant? |
| Jacqueline | Non, elle ne chante pas maintenant. |
| Jacques | Et vous? Est-ce que vous **chantez?** Non, je ne ... |
| Jacqueline | Non, je ne chante pas. |
| Jacques | *Question:* Qui chante? ... |
| Jacqueline | Pierre chante. Ou: C'est Pierre qui chante. *Répétez.* |

> **chante** – is singing, sings. 3rd-person singular of the verb **chanter** – to sing. The letter combination **ch** is pronounced in French like **sh** in the English word **shoe.**

> **chantez** – are singing, sing. 2nd-person singular polite and plural of the verb **chanter** – to sing.
> Let's review some forms of **chanter.** Notice that the **je, il,** and **elle** forms are identical:
> **je chante** – I sing
> **vous chantez** – you sing
> **il chante** – he sings
> **elle chante** – she sings

| Pierre | Un - deux - trois - quatre - cinq - six, sept - huit - neuf - dix - onze - douze. Douze? Douze? Marie, combien font douze et un? |
| --- | --- |
| Marie | **Treize.** |
| Pierre | Combien? Pardon, douze et un font ... combien? |
| Marie | Treize, Pierre, treize. |
| Pierre | Dix, onze, douze, treize ... Treize et un? |
| Marie | **Quatorze.** |
| Pierre | Et un? |
| Marie | **Quinze.** |
| Pierre | Et un? |
| Marie | **Seize.** |
| Pierre | Et un? |
| Marie | **Dix-sept, dix-huit, dix-neuf, vingt!** |

**treize** – thirteen

**quatorze** – fourteen

**quinze** – fifteen

**seize** – sixteen

**dix-sept** – seventeen
**dix-huit** – eighteen
**dix-neuf** – nineteen
**vingt** – twenty

| Jacques | *Écoutez* Pierre: |
| --- | --- |

| Pierre | Dix, onze, douze, treize. Quatorze, quinze, seize. Dix-sept, dix-huit, dix-neuf, vingt. |
| --- | --- |

**compte** – is counting, counts. 3rd-person singular of the verb **compter** – to count. The **je, il,** and **elle** forms are identical. The **p** is silent.

| Jacques | Pierre **compte.** *Répétez.* |
| --- | --- |
| | Il compte. Il compte de dix à vingt. |
| | Pierre compte de dix à vingt. *Répétez.* |

**Comptez-vous?** – Are you counting?

| | *Question:* Et vous? **Comptez-vous?** |
| --- | --- |
| Jacqueline | Non, je ne compte pas. |

**Comptez.** – Count. Polite imperative of the verb **compter** – to count.

| Jacques | Maintenant, **comptez,** s'il vous plaît! |
| --- | --- |

|  | Comptez de quinze à vingt. |
| Jacqueline | Quinze, seize, dix-sept, dix-huit, dix-neuf, vingt! |
| Jacques | Bravo! **Excellent.** |
| Jacques | *Question:* Combien font trois et un? |
| Jacqueline | Quatre. |
| Jacques | Combien font treize et un? |
| Jacqueline | Quatorze. |
| Jacques | Et cinq et dix? Combien font cinq et dix? |
| Jacqueline | Quinze. |
| Jacques | Quinze et deux? |
| Jacqueline | Dix-sept. |
| Jacques | Quinze francs … et … trois francs? |
| Jacqueline | Dix-huit francs. |
| Jacques | Oui, c'est ça: dix-huit. Dix-huit francs. |
|  | **C'est bien ça.** Merci. |

**Excellent.** – Excellent.

**C'est bien ça.** – That's just it. That's quite right. French speakers often use **bien** for emphasis the way English speakers use **That's exactly it!**

•••

FIN DE LA **SCÈNE 5**

# Exercise 5

**1.**  Read in French:    1,  3,  5,  7,  9,    11,  13,  15,  17,  19.
2,  4,  6,  8,  10,  12,  14,  16,  18,  20.

**2.**  Comptez de 1 à 20, s'il vous plaît.

**3.**  Combien font treize et trois?

**4.**  Combien font quinze et deux?

**5.**  Read in French:      14 + 6 = 20
17 + 2 = ?
11 + 8 = ?

**6.**  Êtes-vous français (ou française)?

**7.**  Est-ce que M. Clément chante? (M. Clément chante?)

**8.**  Est-ce que Pierre écoute la radio?

**CORRECTION.**

1.  Un,  trois,  cinq,  sept,  neuf,  onze,  treize,  quinze,  dix-sept,  dix-neuf.
Deux,  quatre,  six,  huit,  dix,  douze,  quatorze,  seize,  dix-huit,  vingt.

2.  Un, deux, trois, quatre, cinq, six, sept, huit, neuf, dix, onze, douze, treize, quatorze, quinze, seize, dix-sept, dix-huit, dix-neuf, vingt.

3.  Treize et trois font seize.

4.  Quinze et deux font dix-sept.

5.  Quatorze et six font vingt.
Combien font dix-sept et deux? (Dix-sept et deux font combien?) Dix-sept et deux font dix-neuf.
Combien font onze et huit? (Onze et huit font combien?) Onze et huit font dix-neuf.

6.  Non, je ne suis pas français. (Non, je ne suis pas française.)

7.  Non, il ne chante pas. (Non, M. Clément ne chante pas.)

8.  Oui, il écoute la radio. (Oui, Pierre écoute la radio.)

**COMBIEN D'ARGENT AVEZ-VOUS?**

**How Much Money Do You Have?**

| | |
|---|---|
| Jacques | *Écoutez,* s'il vous plaît. |
| | ... *Question:* Est-ce de la musique? |
| Jacqueline | Non, ce n'est pas de la musique. |
| Jacques | Qu'est-ce que c'est ... de la musique ou **de l'argent?** |
| Jacqueline | C'est de l'argent. |
| Jacques | *Répétez:* de l'argent. |

**de l'argent** – (some) money. The noun **argent** is masculine and literally means silver.

**Ça fait ...** – That makes ... That totals ... (when doing a calculation)

**son** – her, his, its. 3rd-person singular possessive adjective. Use **son** before all masculine singular nouns and before feminine singular nouns that start with a vowel or **h-.**

**vingt et un, vingt-deux, vingt-trois, vingt-quatre, vingt-cinq, vingt-six, vingt-sept, vingt-huit** – the numbers 21 through 28. Notice that **vingt et un** is not hyphenated.
**compte** – count, am counting. 1st-person singular of the verb **compter** – to count.
**mon** – my. 1st-person singular possessive adjective. Use **mon** before all masculine singular nouns and before feminine singular nouns that start with a vowel or **h-.**
**vingt-neuf** – twenty-nine
**trente** – thirty. The numbers 31 through 39 follow the pattern you've just seen for 21 through 29.
**trente-cinq** – thirty-five

| | |
|---|---|
| Marie | Un franc, deux francs, trois francs, quatre francs … |

| | |
|---|---|
| Jacques | Est-ce l'argent de Pierre? |
| Jacqueline | Non, ce n'est pas l'argent de Pierre. |

| | |
|---|---|
| Marie | Cinq francs, six francs, sept francs, huit francs … |

| | |
|---|---|
| Jacques | Est-ce l'argent de M. Clément ou l'argent de Marie? |
| Jacqueline | C'est l'argent de Marie. |

| | |
|---|---|
| Marie | Huit francs, neuf francs et deux francs, … onze! Onze francs. **Ça fait** onze francs. |

| | |
|---|---|
| Jacques | Est-ce que Marie compte l'argent? |
| Jacqueline | Oui, elle compte l'argent. |
| | *Répétez:* Elle compte **son** argent. |
| Jacques | *Répétez* après Marie: |

| | |
|---|---|
| Marie | Dix et dix, vingt!<br>… Ça fait vingt francs! …<br>**Vingt et un** francs, **vingt-deux,**<br>**vingt-trois, vingt-quatre, vingt-cinq** … |
| Pierre | La la la la la … |
| Marie | **vingt-six, vingt-sept, vingt-huit,** …<br>Pierre, chut! Je **compte mon** argent.<br>Vingt-huit, **vingt-neuf, trente!**<br>Et cinq, **trente-cinq!** |
| Pierre | Trente-cinq francs? |

| | |
|---|---|
| Marie | Pierre, s'il vous plaît! Trent-cinq et dix, **quarante-cinq.** |
| Pierre | Quarante-cinq francs? |
| Marie | Oui, mais … **Chut!** |
| Marie | Quarante-cinq, **cinquante!** |
| | Voilà cinquante francs. |
| Pierre | Vous **avez** … cinquante francs? |
| Marie | Oui, Pierre, **j'ai** cinquante francs. |
| | Et vous, Pierre, **vous n'avez pas** cinquante francs? |
| Pierre | Moi? Oh, non! |
| Marie | Combien d'argent **avez-vous,** Pierre? |
| Pierre | Oh, trois ou quatre francs! |
| Marie | Eh bien, comptez, comptez **votre** argent! |
| Pierre | **O.K.:** Un franc, deux francs, trois francs, quatre francs. Voilà: j'ai quatre francs. … Ah … Non, **je n'ai pas** quatre francs, j'ai cinq francs! |
| Marie | Pas cinquante francs? |
| Pierre | Non, Marie, pas cinquante francs. Je n'ai pas cinquante francs, je n'ai pas **quarante,** je n'ai pas trente, je n'ai pas vingt, je n'ai pas dix francs. J'ai cinq francs. J'ai **seulement** cinq francs. |
| Marie | **Allons,** allons, Pierre! L'argent … **Bah!** … Les francs, les dollars, les pesos, les yen … **Bof!** |

| | |
|---|---|
| Jacques | … Et maintenant, *répétez:* Marie compte son argent. |
| | Pierre compte son argent. |
| | Elle **a** cinquante francs. Il a cinq francs. |
| | Moi, j'ai trente francs. |
| | Et vous, vous avez quarante francs. |

**quarante-cinq** – forty-five

**Chut!** – Shhh! Quiet!
**cinquante** – fifty. The numbers 51 through 59 follow the same pattern as 21 through 29.
**avez** – have. 2nd-person singular polite and plural of the verb **avoir** – to have.
**j'ai** – I have. 1st-person singular of **avoir.** Notice the contraction **j'.**
**vous n'avez pas** – you don't have
**avez-vous …?** – have you …? do you have …? (inverted form)
**votre** – your (2nd-person singular polite possessive adjective)
**O.K.** – OK. Borrowed from English.
**je n'ai pas** – I don't have

**quarante** – forty. The numbers 41 through 49 follow the same pattern as 21 through 29.
**seulement** – only
**Allons.** – Go on, don't worry about it. Literally: Let's go. 1st-person plural imperative of the verb **aller** – to go.
**Bah!** – Bah!
**Bof!** – Pshaw! **Bah!** and **Bof!** express indifference or contempt and have the sense here of Who cares? It's only money.

**a** – has. 3rd-person singular form of the verb **avoir** – to have.

*Répétez:* J'ai, vous avez, il a, elle a.

Ou: Non, je n'ai pas, vous n'avez pas,

il n'a pas, elle n'a pas. Très bien!

*Question:* Avez-vous **une cassette?** Oui, j'ai …

**une cassette** – a cassette (recording or tape)

| | |
|---|---|
| Jacqueline | Oui, j'ai une cassette. |
| Jacques | Avez-vous une cassette de français? |
| Jacqueline | Oui, j'ai une cassette de français. |
| Jacques | Avez-vous cinquante cassettes de français? |
| Jacqueline | Non, je n'ai pas cinquante cassettes de français. |
| Jacques | … Avez-vous le téléphone? Oui, … |
| Jacqueline | Oui, j'ai le téléphone. |
| Jacques | Ou: Non, … |
| Jacqueline | Non, je n'ai pas le téléphone. |
| Jacques | *Question:* Est-ce que vous avez la radio? |
| Jacqueline | Oui, j'ai la radio. |
| Jacques | … Est-ce que vous avez une voiture? Oui, … |
| Jacqueline | Oui, j'ai une voiture. |
| Jacques | Ou: Non, … |
| Jacqueline | Non, je n'ai **pas de** voiture. |

**pas de …** – no …, (not) any …. The full sentence means I don't have a (any) car. The article **de** replaces **une** or **de la** in negative expressions using the verb **avoir.**

| | |
|---|---|
| Jacques | Est-ce que vous avez une motocyclette? Non, … |
| Jacqueline | Non, je n'ai pas de motocyclette. |
| Jacques | Est-ce que vous avez un chien? Non, … |
| Jacqueline | Non, je n'ai pas de chien. |
| Jacques | Avez-vous de l'argent? Oui, … |
| Jacqueline | Oui, j'ai de l'argent. |
| Jacques | Non, … |
| Jacqueline | Non, je n'ai **pas d'**argent. |
| Jacques | Avez-vous **des** francs? Non, … |
| Jacqueline | Non, je n'ai pas de francs. |
| Jacques | Et … combien d'argent avez-vous? |
| | Ah! Et maintenant, *répétez* après moi, s'il vous plaît. |
| | Je compte mon argent. Vous comptez votre argent. |
| | Il compte son argent. Elle compte son argent. |
| | Et voilà! Merci. |

**pas d' ...** – no …, (not) any …. The full sentence means I don't have any money. The article **de** replaces **de l'** in negative expressions usisng the verb **avoir**. Notice the contraction **d'** before a noun that begins with a vowel or a silent **h-**.
**des** – some, any. Use this plural form of the article **un, une** to refer to a plural noun: **Avez-vous des francs?** – Do you have any francs? In the negative, **de** replaces **des: Je n'ai pas de francs.**

Let's review some forms of the verb **compter** – to count. Notice that the **je, il,** and **elle** forms are identical:
**je compte** – I count
**vous comptez** – you count
**il compte** – he counts
**elle compte** – she counts

•••

# FIN DE LA **SCÈNE 6**

# Exercise 6

**1.**  Read in French:         10, 20, 21, 25, 30, 31, 35, 39  40, 45, 50.

**2.**  Comptez de vingt à trente.

**3.**  Combien font vingt et trente?

**4.**  Review these forms of the verb **avoir:**       Oui, j'**ai ...**        Non, je **n'ai pas ...**

                                                        vous **avez ...**       vous **n'avez pas ...**

                                                        il **a ...**            il **n'a pas ...**

                                                        elle **a ...**          elle **n'a pas ...**

**5.**  Complete with **avoir:**

    **a.**  Marie _____ cinquante francs. C'est l'argent de Marie. C'est son argent.

    **b.**  Pierre _____ cinq francs. C'est l'argent de Pierre. C'est son argent.

    **c.**  Vous _____ vingt francs. C'est votre argent.

    **d.**  J_____ quinze francs. C'est mon argent.

**6.**  Avez-vous de l'argent?

**7.**  Avez-vous une voiture?

**8.**  Avez-vous une cassette de français?

**CORRECTION.**

1.  Dix, vingt, vingt et un, vingt-cinq, trente, trente et un, trente-cinq, trente-neuf, quarante, quarante-cinq, cinquante.

2.  Vingt, vingt et un, vingt-deux, vingt-trois, vingt-quatre, vingt-cinq, vingt-six, vingt-sept, vingt-huit, vingt-neuf, trente.

3.  Vingt et trente font cinquante. (Ça fait cinquante.)

5.  a. a – b. a – c. avez – d. 'ai.

6.  Oui, j'ai de l'argent. (Non, je n'ai pas d'argent.)

7.  Oui, j'ai une voiture. (Non, je n'ai pas de voiture.)

8.  Oui, j'ai une cassette de français. (Non, je n'ai pas de cassette de français.)

**PARLONS FRANÇAIS!**       **Let's Speak French!**

| | |
|---|---|
| La classe | … Voilà le professeur. |
| | Voilà le professeur qui vient! |
| | **Attention!** Chut! Arrêtez! … |
| M. Clément | **Silence! Asseyez-vous!** |
| | Pierre, comptez **les** étudiants! |
| Pierre | Bien, Monsieur: un, deux, trois étudiants, |
| | quatre, cinq, six étudiants … |

| | |
|---|---|
| Jacques | *Question:* Est-ce que Pierre compte? |
| Jacqueline | Oui, il compte. … |

| | |
|---|---|
| Pierre | Quatre, cinq, six étudiants … |

**Attention!** – Attention! Watch out!
**Silence!** – Silence! Be quiet!
**Asseyez-vous!** – Sit down! Be seated!
Polite imperative of the verb **s'asseoir** –
to sit (oneself). This verb always requires
a pronoun.
**les** – the (plural). This article is used for
all plural nouns, whether they are
masculine or feminine. Notice how
**liaison** makes the final **-s** sound like a **-z**
before a vowel.

| | |
|---|---|
| Jacques | Est-ce qu'il compte les voitures? |
| Jacqueline | Non, il ne compte pas les voitures. |

---

| | |
|---|---|
| Pierre | Quatre, cinq, six étudiants … |

---

| | |
|---|---|
| Jacques | Est-ce qu'il compte les chiens et les chats? |
| Jacqueline | Non, il ne compte pas les chiens et les chats! |
| Jacques | *Question:* Pierre compte les étudiants, **n'est-ce pas?** |
| | Oui, … |
| Jacqueline | Oui, il compte les étudiants. |

---

| | |
|---|---|
| Monsieur X | … M. Duval n'est pas à **Paris.** Il est à **Marseille.** |
| Monsieur Y | Mais non, il est à Paris. Il … |
| M. Clément | Pierre, s'il vous plaît, fermez la porte. |

---

| | |
|---|---|
| Jacqueline | *Répétez:* Pierre **va** … **à** la porte. … Pierre va à la porte. |
| Jacques | Est-ce que Pierre va à la fenêtre? |
| Jacqueline | Non, il ne va pas à la fenêtre. |
| Jacques | *Question:* **Où va-t-il,** à la porte ou à la fenêtre? |
| Jacqueline | Il va à la porte. … |

---

| | |
|---|---|
| Monsieur X | Mais non, il n'est pas **à** Paris. Il est à Marseille. |
| Monsieur Y | Non, non, non, non! Il n'est pas à Marseille! |
| Pierre | Non, non, non, non! Il n'est pas à Marseille! |
| M. Clément | Pierre, fermez la porte! |

**N'est-ce pas?** – Isn't that (so)? Literally: Is it not? This phrase corresponds to the English tag questions **right?, isn't it?,** and so on.

**Paris** – The capital of France. Notice that the final **-s** is silent.

**Marseille** – The largest city on France's southern coast. Notice that the double **ll** is pronounced like a **y: Mar-say.**

**va** – is going, goes. 3rd-person singular of the verb **aller** – to go.

**à** – to, at

**Où …?** – Where …? Notice the written accent mark that distinguishes **où** from **ou** (or), which sounds identical.

**Va-t-il?** – Is he going? Does he go? Literally: Goes he? You've already seen the inversion of subject and verb to form a French question. When the verb ends in a vowel (**-a** or **-e**) and the subject begins with a vowel (**il, elle,** or **on**), a **t** is inserted between them to make the phrase easier to pronounce. In a written question, hyphens precede and follow the **t.**

**à** – in, at (a city)

|  |  |
|---|---|
|  | Merci, Pierre. Et maintenant, attention! |
|  | Voici **un test** ... |
| La classe | Oh, non, non! ... |
| M. Clément | Un **petit** test: Est-ce que Marseille est **en Amérique?** |
| Pierre | Non, monsieur, Marseille n'est pas en Amérique. |
| M. Clément | Est-ce que Marseille est en France? ... Pierre! Répondez! |
| Pierre | Hein? Oh! ... Oui, oui, Marseille est en France. |
| M. Clément | Est-ce que Madrid est en France? |
| Pierre | Non, Madrid n'est pas en France. |
| M. Clément | ... Où est Madrid, en France ou en **Espagne?** |
| Pierre | Madrid est en Espagne. |
| M. Clément | Est-ce que Rome est en Espagne? |
| Pierre | Non, Rome n'est pas en Espagne. |
| M. Clément | ... Où est Rome, en Espagne ou en **Italie?** |
| Pierre | Rome est en Italie. |
| M. Clément | ... Où est New York? |
| Pierre | New York est en Amérique. |
| M. Clément | Bravo, Pierre! Le test est **terminé.** |

**un test** – a test, an exam
**petit** – little, small (masculine). Notice that the final **-t** is silent.
**en** – in (a country or region)
**l'Amérique** – America, the United States (feminine). Notice that the article **l'** is dropped after **en.**

**l'Espagne** – Spain (feminine). The letter combination **gn** is pronounced like the **ni** in the English word **onion.** Notice again that the article **l'** is dropped after **en.**
**l'Italie** – Italy (feminine)

**terminé** – finished, completed, done (masculine)

| Jacques | ... *Question:* Pierre est à Paris, n'est-ce pas? Oui, ... |
|---|---|
| Jacqueline | Oui, il est à Paris. |
| Jacques | Et vous, Monsieur, Madame ou Mademoiselle, êtes-vous à Paris maintenant? |
| Jacqueline | Non, je ne suis pas à Paris maintenant. |
| Jacques | *Question:* Où êtes-vous? |
| Jacqueline | Je suis à New York. Je suis à Madrid. Je suis à Rome. Je suis à Tokyo, **et cetera.** ... |
| Jacques | Alors, vous n'êtes pas en France? Non, ... |

**et cetera** – et cetera, and so forth

| | |
|---|---|
| Jacqueline | Non, je ne suis pas en France. |
| Jacques | Où êtes-vous? En Amérique? Oui, … |
| Jacqueline | Oui, je suis en Amérique. |
| | Je suis en Espagne. Je suis en Italie. |
| | Mais, attention: Je suis **au Japon.** |
| Jacques | Et maintenant, *écoutez* **encore.** |
| | … C'est le téléphone, n'est-ce pas? |
| | *Répondez-moi:* Oui, … |
| Jacqueline | Oui, c'est le téléphone. |

**au** – in, at. **Au** is a contraction of **à** + **le.** Use **au** before a masculine country name that starts with a consonant, such as **Japon**.
**le Japon** – Japan
**encore** – again. English has borrowed this word from French.

---

| | |
|---|---|
| Marie | M. Clément! Le téléphone! |
| M. Clément | C'est pour moi? |
| Marie | Oui! |

---

| | |
|---|---|
| Jacques | Est-ce que c'est pour vous? |
| Jacqueline | Non, ce n'est pas pour moi. |
| Jacques | C'est pour M. Clément, n'est-ce pas? |
| Jacqueline | Oui, c'est pour M. Clément. Oui, c'est pour **lui.** |
| | *Répétez:* Ce n'est pas pour moi, |
| | ce n'est pas pour vous, c'est pour lui. |

**lui** – him (masculine object of a preposition). Use this pronoun after a preposition: **pour lui** – for him; **après lui** – after him. You already know the equivalent pronouns **moi** (me) and **vous** (you).

| Jacques | Bon! *Écoutez* M. Clément, et *répétez* après lui: |
|---------|---------|

| M. Clément | Allô? Monsieur ... qui? Ah, M. Gonzalez!<br>Vous êtes ... où? Oh! À Madrid?<br>**Señor González, ¡buenos días!** |
|---------|---------|
| Pierre | Señor González, ¡buenos días! |
| Marie | Chut! Pierre, silence!<br>Le professeur est au téléphone.<br>Il parle à M. Gonzalez. |
| M. Clément | Señor González, **¿cómo está usted?** |
| Marie | Maintenant, le professeur ne **parle** pas **français**.<br>Il parle **espagnol**. |
| Pierre | Espagnol? Ah, oui: Señor González,<br>¿cómo está usted? |

**Señor González, ¡buenos días!** – Good day, Mr. González! (Spanish)
**¿Cómo está usted?** – How are you? (Spanish)
**parle** – is speaking, speaks. 3rd-person singular of the verb **parler** – to speak.
**le français** – French (the language). Names of languages are masculine in French. Notice that the article **le** or **l'** is often dropped after the verb **parler**.
**l'espagnol** – Spanish (the language)

| Jacques | *Répétez:* Je **parle**. Vous **parlez**. Il **parle**. Elle **parle**.<br><br>Ou: Non, je ne parle pas.<br><br>Vous ne parlez pas. Il ne ...? |
|---------|---------|
| Jacqueline | Il ne parle pas. |
| Jacques | Et ... elle? |
| Jacqueline | Elle ne parle pas. |

Let's review some forms of the verb **parler** – to speak. Notice that the **je, il,** and **elle** forms are identical:
**je parle** – I speak
**vous parlez** – you speak
**il parle** – he speaks
**elle parle** – she speaks

| Pierre | Et vous Marie, est-ce que vous parlez espagnol? |
|---------|---------|
| Marie | Oui ... et non! |
| Pierre | **Comment ça,** "oui et non"? |
| Marie | Je parle espagnol mais je ne parle pas très bien.<br>Je parle **un peu** l'espagnol. Un peu.<br>**Un petit peu.** Seulement un petit peu. |
| Pierre | Et ... **l'italien?** Parlez-vous un peu l'italien, Marie? |
| Marie | Non, je ne parle pas italien. |
| Pierre | M. Clément parle-t-il italien? |
| Marie | Oui, il parle **aussi** l'italien. |

**Comment ça?** – How so? How's that? In what way?
**un peu** – a little, a bit, some
**un petit peu** – a little bit, just a little
**l'italien** – Italian (the language)

**aussi** – also, too

**lui** – him. 3rd-person singular emphatic pronoun. You already know the emphatic pronouns **moi** (me) and **vous** (you).
**les langues** – the languages (feminine plural). As in English, adding final **-s** is the usual way to form a French plural noun. Remember that names of languages are masculine in French: **le français, l'italien,** and so on.
**le japonais** – Japanese (the language)

> **Lui,** il parle italien, il parle espagnol, il parle français. M. Clément parle quatre ou cinq **langues.** ...

| | |
|---|---|
| Jacques | Le professeur parle quatre ou cinq langues, |
| | mais il ne parle pas **japonais.** |
| | Marie, la secrétaire, parle le français et ... l'espagnol. |
| | Elle parle ... deux langues. |
| | Mais elle parle seulement un peu l'espagnol! |
| | *Question:* Et vous, parlez-vous deux langues? |
| | Oui, ... |
| Jacqueline | Oui, je parle ... deux langues. |
| Jacques | *Question:* **Avec** moi, **parlez-vous français?** |
| | Oui, avec vous, ... |
| Jacqueline | Oui, avec vous, je parle français. |
| | *Répétez:* Avec vous, je parle seulement le français. |
| Jacques | Et moi, est-ce que je parle ... seulement le français ... |
| | avec vous? Oui, ... vous ... |
| Jacqueline | Oui, vous parlez seulement ... le français avec moi. |

**avec** – with
**Parlez-vous français?** – Do you speak French?

| Jacques | Bon, alors, combien de langues parlez-vous |
| | avec moi, une ou deux? Je parle … |
| Jacqueline | Je parle … **une langue** avec vous. |
| Jacques | Et c'est le français, n'est-ce pas? |
| Jacqueline | Oui, c'est le français. |
| Jacques | Et vous, Monsieur, Madame ou Mademoiselle, |
| | vous qui écoutez, |
| | vous qui répétez, |
| | vous qui répondez, |
| | arrêtez la cassette maintenant: elle est **terminée.** |
| | Merci **beaucoup** et au revoir! |
| Jacqueline | **Au revoir!** |

**une langue** – one language, a language. **Langue** literally means tongue.

**terminée** – finished, completed, done (feminine). French forms many feminine adjectives by adding a silent final **-e** to masculine adjectives that end in **-é.**
**beaucoup** – very much, a lot. **Merci beaucoup** means Many thanks.
**Au revoir!** – Good-bye! Literally: Until we see each other again.

•••

# FIN DE LA **SCÈNE 7**

# Exercise 7

**1.**   Que fait Pierre?
Que fait Marie?

**2.**   Attention: Pierre est **en** France. Pierre est **à** Paris.

| | |
|---|---|
| en Espagne | à Madrid |
| en Italie | à Rome |
| **au** Japon | à Tokyo |

**3.**   Êtes-vous à Paris maintenant? (Est-ce que vous êtes à Paris?)

**4.**   Êtes-vous en France? (Est-ce que vous êtes en France?)

**5.**   Où êtes-vous? (Où est-ce que vous êtes?)

**6.**   Où va Pierre, à la porte ou à la fenêtre? (Où est-ce qu'il va?)

**7.**   Est-ce que le professeur parle à M. González? (Parle-t-il à M. González?)

**8.**   Est-ce que vous parlez espagnol? (Parlez-vous espagnol?)

**9.**   Combien de langues Marie parle-t-elle?

# Exercise 7

**CORRECTION.**

1. Il chante. Elle parle.
3. Non, je ne suis pas à Paris maintenant. (Oui, je suis à Paris maintenant.)
4. Non, je ne suis pas en France. (Oui, je suis en France.)
5. Je suis _____
6. Il va à la porte.
7. Oui, il parle à M. Gonzalez.
8. Non, je ne parle pas espagnol. (Oui, je parle espagnol.)
9. Elle parle deux langues. (le français et l'espagnol)

# SCÈNE 8

**MARIE VA AU BUREAU**          **Marie Goes to the Office**

| Jacques | ... *Ne répétez pas.* |
| | |
| | ... Il est neuf heures. Marie va **au bureau en taxi.** |

| Marie | Taxi! Taxi! ... **Avenue des Champs-Élysées,** s'il vous plaît. |
| | ... **C'est combien?** |
| **Chauffeur** | Trente francs. |
| Marie | Voici ... trente francs, et ... voilà pour vous. |
| Chauffeur | Merci **bien**, Mademoiselle. |

| Jacques | ... Marie va au bureau en taxi. |

**au bureau** – to the office. You've already seen the contraction **au (à + le).**
**Bureau** is masculine and means desk, as well as office.
**en taxi** – by taxi, in a taxi
**Avenue des Champs-Élysées** – French street names give the type of street (**avenue, boulevard,** etc.) before its specific name.
**C'est combien?** – How much is it? Literally: It's how much?
**chauffeur (de taxi)** – (taxi) driver
**bien** – very much, a lot. After **merci,** interchangeable with **beaucoup.**

**tape à la machine** – is typing, types. 3rd-person singular of the verb **taper** – to type. This is a specific meaning of the verb **taper** – to tap, to strike, to hit. **La machine** is a short form of **la machine à écrire** – the typewriter (literally: the machine for writing).

**Qui ...?** – Who ...?

| | |
|---|---|
| Jacqueline | Marie va au bureau en taxi. |
| Jacques | ... *Question:* Le taxi est une voiture? Oui, le taxi ... |
| Jacqueline | Oui, le taxi est une voiture. *Répétez.* |
| Jacques | Oui, c'est une voiture. |
| | Maintenant, *écoutez:* Marie est au bureau. ... |
| | **Marie tape à la machine.** *Répétez.* |
| Jacqueline | Marie tape à la machine. |
| Jacques | Elle tape à la machine. |
| | *Question:* Est-ce que Pierre tape à la machine? |
| Jacqueline | Non, Pierre ne tape pas à la machine. *Répétez.* |
| | Non, Pierre ne tape pas à la machine. |
| Jacques | *Question:* **Qui** ... tape à la machine, Pierre ou Marie? |
| Jacqueline | Marie tape à la machine. *Répétez.* |
| Jacques | C'est Marie qui tape à la machine. |
| | *Question:* Qui est secrétaire, Pierre ou Marie? |
| Jacqueline | Marie est secrétaire. *Répétez.* |
| Jacques | ... C'est Marie qui est secrétaire. |
| | C'est elle qui est secrétaire. ... |
| | C'est elle qui tape à la machine. |

*… Ne répétez pas. Écoutez* M. Duval, **le directeur:**

| | |
|---|---|
| M. Duval | Marie, vous êtes **occupée?** |
| Marie | Oui, Monsieur. Je **tape la lettre** pour M. Johnson. |
| M. Duval | Ah, oui! La lettre pour M. Johnson! |
| | C'est très bien. **Continuez,** continuez. |

| | |
|---|---|
| Jacques | *Question:* Qui tape la lettre, M. Duval ou Marie? |
| Jacqueline | Marie tape la lettre. *Répétez.* |
| Jacques | *Question:* **Qui est-ce qui** tape la lettre, |
| | Pierre, Marie ou M. Duval? |
| Jacqueline | C'est Marie qui tape la lettre. *Répétez.* |
| Jacques | *Écoutez. Ne répétez pas.* |

| | |
|---|---|
| M. Duval | Marie! |
| Marie | Oui, Monsieur? |

| | |
|---|---|
| Jacques | Qui est-ce qui **répond** au directeur, Pierre ou Marie? |
| Jacqueline | C'est Marie qui répond au directeur. *Répétez.* |

| | |
|---|---|
| Marie | … Allô! Oui, j'écoute … |

| | |
|---|---|
| Jacques | Qui est-ce qui répond au téléphone? |
| Jacqueline | C'est Marie qui répond au téléphone. *Répétez.* |

**le directeur** – the director, the manager, the boss

**occupée** – busy, occupied (feminine)

**tape** – am typing, type. 1st-person singular of the verb **taper** – to type. The **je, il,** and **elle** forms are identical.

**la lettre** – the letter

**Continuez.** – Continue. Carry on. Polite imperative of the verb **continuer** – to continue.

**Qui est-ce qui …?** – Who …? Long form of **Qui …?** Literally: Who is it who …?

**répond** – is replying, replies. 3rd-person singular of the verb **répondre** – to reply, to answer.

| | |
|---|---|
| Jacques | Maintenant, *écoutez. Ne répétez pas.* |

| | |
|---|---|
| M. Duval | … Vous **tapez** la lettre pour M. Johnson **en français** ou **en anglais?** |
| Marie | En français, Monsieur<br>Je tape la lettre en français.<br>M. Johnson **parle très bien** le français.<br>**Ce n'est pas un touriste!** |
| M. Duval | Ah! Oui, **c'est vrai,** il parle français. |

**tapez** – are typing, type. 2nd-person singular polite and plural of the verb **taper** – to type.
**en français** – in French
**en anglais** – in English
**parle très bien** – speaks very well. Notice the position of **très bien:** before the object, **le français,** not afterwards as in English.
**Ce n'est pas un touriste.** – He knows the language. Literally: He's not a tourist.
**C'est vrai.** – It's true.

| | |
|---|---|
| Jacques | *Question:* Est-ce que Marie tape une lettre pour M. Charpentier ou pour M. Johnson? |
| Jacqueline | Elle tape une lettre pour M. Johnson. *Répétez.* |
| Jacques | Est-ce que M. Johnson parle français? |
| Jacqueline | Oui, il parle français. *Repétez.* |
| Jacques | Est-ce que M. Johnson est au bureau? |
| Jacqueline | Non, il n'est pas au bureau. *Répétez.* |
| Jacques | *Question:* Est-ce que Marie et M. Duval **sont** au bureau? |
| Jacqueline | Oui, Marie et M. Duval sont au bureau. *Répétez.* |
| Jacques | Oui, **ils** sont au bureau. |

**sont** – are. 3rd-person plural of the verb **être** – to be. Notice that the final **-t** is pronounced before a vowel.
**ils** – they (masculine). 3rd-person plural subjective pronoun. Use **ils** to refer to a group of males, as well as to a mixed group of males and females: **Marie et M. Duval.** Likewise, use **ils** to refer to a group of masculine objects, as well as to a combination of masculine and feminine objects: **les taxis et les voitures.**

|  | |
|---|---|
| | *Répétez:* Je suis, il est, elle est, vous êtes, ils sont. |
| Jacques | *Question:* Est-ce que Pierre et M. Johnson sont au bureau? |
| Jacqueline | Non, Pierre et M. Johnson ne sont pas au bureau. *Répétez.* |
| Jacques | Non, ils ne sont pas au bureau. *Question:* Est-ce que M. Gonzalez et M. Nakamura sont au bureau? |
| Jacqueline | Non, ils ne sont pas au bureau. *Répétez.* |
| Jacques | *Écoutez. Ne répétez pas. …* |

Let's review some forms of the verb **être** – to be:
**je suis** – I am
**il est** – he is
**elle est** – she is
**vous êtes** – you are
**ils sont** – they are

| | |
|---|---|
| M. Duval | Marie, **venez ici,** s'il vous plaît. |
| Marie | Oui, Monsieur. |
| M. Duval | Avec la lettre pour M. Johnson, s'il vous plaît. **Apportez** la lettre. |
| Marie | Bien, Monsieur. … |

**Venez.** – Come. Polite imperative of the verb **venir** – to come. You've already seen the 3rd-person singular form: **vient** – is coming, comes.
**ici** – here
**Apportez.** – Bring. Polite imperative of the verb **apporter** – to bring.

| | |
|---|---|
| Jacques | *Répétez:* Marie vient avec la lettre pour M. Johnson. |
| Jacqueline | Marie vient avec la lettre pour M. Johnson. |

•••

# FIN DE LA **SCÈNE 8**

# Exercice 8

**1.** Study these verb forms:

|  | **-er** | **-re** | **-ir** |
|---|---|---|---|
| Infinitive: | **parler** | **répondre** | **finir** *(to finish)* |
|  | je parl<u>e</u> | je répond<u>s</u> | je fini<u>s</u> |
|  | vous parl<u>ez</u> | vous répond<u>ez</u> | vous fini<u>ssez</u> |
|  | il parl<u>e</u> | il répond | il fini<u>t</u> |
|  | elle parl<u>e</u> | elle répond | elle fini<u>t</u> |

Some similar verbs:

**-er:** apporter, arrêter, chanter, compter, écouter, entrer, étudier *(to study)*, excuser, fermer, oublier *(to forget)*

**-re:** attendre *(to wait)*, entendre *(to hear)*, perdre *(to lose)*, vendre *(to sell)*

**-ir:** choisir *(to choose)*, obéir *(to obey)*, remplir *(to fill)*

**2.** Write the answers:

**a.** Est-ce que j'étudie les verbes? Oui, vous …

**b.** Est-ce que vous chantez bien? Oui, je …

**c.** Est-ce que je réponds aux questions? Oui, vous …

**d.** Pierre ferme-t-il la fenêtre? Oui, il …

**e.** Finissez-vous l'exercice? Oui, je …

## OÙ EST PIERRE?

## Where Is Pierre?

| M. Clément | ... Pierre n'est pas **chez vous,** il n'est pas **chez moi,** il n'est pas chez M. Duval! Où est-il? **Je ne sais pas!** ... |
|---|---|
| Marie | Il est **peut-être dans** le bureau de M. Duval ... |
| M. Clément | Peut-être ... Je ne sais pas. ... |

| Jacques | Où est Pierre? |
|---|---|
| Jacqueline | Je ne sais pas. *Répétez.* |
| Jacques | ... *Écoutez. Ne répétez pas.* |

**chez** – at, in (someone's home or place of business)
**chez vous** – at your house
**chez moi** – at my house
**Je ne sais pas!** – I don't know! **Sais** is the 1st-person singular of the verb **savoir** – to know (a fact). Notice how **ne** almost disappears in rapid speech.
**peut-être** – perhaps, maybe
**dans** – in, inside

**Savez-vous ...?** – Do you know? 2nd-person singular polite and plural of the verb **savoir** – to know (a fact).

**Vous voilà.** – There (here) you are.

**C'est bien vous?** – Is it really you?

**Vous avez changé!** – You've changed! Past tense, 2nd-person singular polite and plural of the verb **changer** – to change.

**un enfant** – a child (masculine)

**grand** – big, large (masculine)

**une grande personne** – a grown-up. Literally: a big person. Used for both males and females.

**recommence à** – am beginning again to, begin again to. 1st-person singular of the verb **recommencer** – to begin again, which takes **à** before another verb.

**étudier** – to study

**grammaticales** – grammatical (feminine plural)

**une bonne idée** – a good idea. **Bonne** is the feminine form of **bon.**

**excellente** – excellent (feminine)

**beaucoup d'** – many, lots of (with a noun). Use **d'** before a vowel or silent **h-.** Otherwise, use **de: beaucoup de taxis, beaucoup de voitures.**

**adultes** – adult (plural adjective)

**les adultes** – adults (masculine and feminine plural)

**étudient** – study, are studying. 3rd-person singular plural of the verb **étudier** – to study

**ensemble** – together (masculine and feminine)

**tous** – all (masculine plural)

| | |
|---|---|
| M. Clément | ... M. Duval! |
| M. Duval | Oui? |
| M. Clément | **Savez-vous** où est Pierre? |
| M. Duval | Pierre? |
| M. Clément | Oui, Pierre Valois, mon étudiant. Savez-vous où il est? |
| M. Duval | Non, je ne sais pas où il est. Il n'est pas dans mon bureau. |
| Pierre | Bonjour! |
| M. Duval | Ah! **Vous voilà,** Pierre! |
| Marie | Pierre? **C'est bien vous?** |
| Pierre | Mais oui, c'est moi! |
| Marie | Oh là, là! **Vous avez changé!** |
| Pierre | Changé? |
| Marie | Oh, oui, Pierre! Vous avez changé! Vous avez beaucoup changé! |
| Pierre | Comment ça? |
| Marie | Eh bien, vous n'êtes pas **un enfant** maintenant! Vous êtes **grand!** Vous êtes **une grande personne!** |
| Pierre | Oui, mais je **recommence à étudier** avec M. Clément. |
| Marie | Ah! Vous recommencez à étudier le français? |
| Pierre | Oui, pour les questions **grammaticales.** |
| Marie | C'est **une bonne idée,** une **excellente** idée! |
| Pierre | M. Clément a **beaucoup d'**étudiants **adultes.** |
| Marie | Oh, oui! Beaucoup d'**adultes étudient** le français avec M. Clément. |

| | |
|---|---|
| Jacques | *Répétez:* Maintenant, M. Duval, Marie, M. Clément et Pierre sont **ensemble.** |
| | Ils sont ensemble. Ils sont **tous** ensemble. |
| | M. Duval, Marie, M. Clément, Pierre, ... tous! |
| | *Répétez:* tous! |

Pour **la récapitulation,** *répétez:*

**la récapitulation** – the review, the recap, the summary

Je suis dans mon bureau.

Il est dans son bureau.

Elle est dans son bureau.

Vous êtes dans **votre** bureau.

**votre** – your. 2nd-person singular polite and plural possessive adjective. Use **votre** before all singular nouns.

Mon bureau, son bureau, votre bureau.

Mon, son, votre.

*Répétez:* vous et moi.

Vous et moi, **nous sommes** dans **notre** bureau.

**nous** – we. 1st-person plural subjective pronoun.

Jacqueline   Vous et moi, nous sommes dans notre bureau.

**sommes** – are. 1st-person plural of the verb **être** – to be.

Jacques   *Répétez:* Nous sommes dans notre bureau.

**notre** – our. 1st-person plural possessive adjective. Use **notre** before all singular nouns.

*Écoutez. Ne répétez pas.*

| | |
|---|---|
| M. Clément | Vous avez votre **stylo,** Pierre? |
| Pierre | Oui, Monsieur, j'ai mon stylo. |
| M. Clément | Alors, **commencez l'exercice:** |
| | "Je suis dans mon bureau." |
| | "Il est dans son bureau." |
| | "Elle est dans son bureau." |
| | "Nous sommes dans notre bureau." |
| | "Vous êtes dans votre bureau." |
| | "Ils sont ...?" |
| Pierre | "Ils sont dans **leur** bureau." **C'est juste?** |
| M. Clément | Oui! |

**un stylo** – a pen

**Commencez.** – Begin. Start. Polite imperative of the verb **commencer** – to begin, to start.
**l'exercice** – the exercise (masculine)

**leur** – their. 3rd-person plural possessive adjective. Use **leur** before all singular nouns.
**C'est juste?** – Is that right?

**leurs** – their. 3rd-person plural possessive adjective. Use **leurs** before all plural nouns: **cassettes, exercices,** and so on.

**font** – are doing, do. 3rd-person plural of the verb **faire** – to make, to do.

**les bureaux** – the offices. Most French nouns end in **-s** in the plural. But the plural of nouns that end in **-eau** take a final **-x**, not **-s.** So **chateau** becomes **chateaux.**

Let's review some possessive adjectives:
**mon** – my (singular)
**son** – his, her, its (singular)
**notre** – our (singular)
**votre** – your (singular)
**leur** – their (singular)
**leurs** – their (plural)
Remember that the possessive adjective agrees with the gender and number of the possessed noun, not with the gender of its owner. Use **mon** and **son** before masculine singular nouns and before feminine singular nouns that start with a vowel or silent **h-.** Use **notre, votre,** and **leur** before all singular nouns. Use **leurs** before all plural nouns. Compare **leur bureau** (their office) and **leurs bureaux** (their offices).

**cette** – this (feminine)

| | |
|---|---|
| Jacques | … *Répétez:* leur bureau, **leurs** cassettes, leurs exercices. Les étudiants **font** leurs exercices avec leurs stylos. |
| Jacqueline | Les étudiants font leurs exercices avec leurs stylos. |
| Jacques | *Question:* M. Duval et Marie sont dans leurs **bureaux?** Oui, ils sont … |
| Jacqueline | Oui, ils sont dans leurs bureaux. *Répétez.* Oui, ils sont dans leurs bureaux. |
| Jacques | *Question:* Est-ce qu'ils sont dans leurs voitures? |
| Jacqueline | Non, ils ne sont pas dans leurs voitures. *Répétez.* Non, ils ne sont pas dans leurs voitures. |
| Jacques | … *Récapitulation:* mon, son, notre, votre, leur. **Cette** scène est terminée. Arrêtez la cassette! |

•••

# FIN DE LA **SCÈNE 9**

# Exercise 9

**1.** Review these forms of "yes/no" questions:

| **intonation** | **est-ce que** | **inversion** |
|---|---|---|
| Vous chantez? | Est-ce que vous chantez? | Chantez-vous? |
| Pierre chante? | Est-ce que Pierre chante? | Pierre chante-t-il? |

**2.** Rewrite each question two ways:

**a.** Répondez-vous?

**b.** Est-ce que vous écoutez?

**c.** Marie va au bureau?

**3.** Review these information questions:

**Combien?** *(How much?)* Ça fait combien? Combien est-ce que ça fait?

**Comment?** *(How?)* Comment allez-vous? *(How are you?)*

**Où?** *(Where?)* Où est-ce qu'il va? Où va-t-il?

**Pourquoi?** *(Why?)* Pourquoi est-ce que vous étudiez le français? Pourquoi étudiez-vous le français?

**Quand?** *(When?)* Quand est-ce qu'elle va au bureau? Quand va-t-elle au bureau?

**Que?** *(What?)* Qu'est-ce qu'ils font? Que font-ils?

**Qui?** *(Who? Whom?)* Qui parle au téléphone?

**4.** Complete these questions:

**a.** _____ d'argent a-t-il? Il a cinquante francs.

**b.** _____ est-ce que vous écoutez? J'écoute la cassette.

**c.** _____ allez-vous? Très bien, merci.

**d.** _____ est Pierre? Il est au bureau.

**e.** _____ vient-elle ici? À dix heures.

# Exercise 9

**5.** Review the plural forms of the verb **être:**

Oui, nous **sommes ...**      Non, nous **ne sommes pas ...**

vous **êtes ...**      vous **n'êtes pas ...**

ils **sont ...**      ils **ne sont pas ...**

elles **sont ...**      elles **ne sont pas ...**

**6.** Write the answers using plural forms:

**a.** Êtes-vous en Amérique?

**b.** Est-ce que nous sommes étudiants de français?

**c.** Où sont les amis *(friends)* de Pierre?

# SCÈNE 10

## POSITIONS ET SITUATIONS

**Positions and Situations**

| Jacques | … Ne répétez pas. |
|---------|-------------------|

| Pierre | **Qu'est-ce que c'est que ça?** |
|--------|-------------------------------|
| Marie | Ça, Pierre, c'est **un ordinateur.** |
| Pierre | Vous tapez à la machine **sur** l'ordinateur? |
| Marie | Mais oui. |
| Pierre | **Comment?** |
| Marie | **Comme ça!** |

| Jacques | *Question:* Est-ce que Marie est chez **elle** ou dans son bureau? |
|---------|-------------------------------------------------------------------|

**Qu'est-ce que c'est que ça?** – What's this? Longer, more specific form of **Qu'est-ce que c'est?**
**un ordinateur** – a computer (masculine)
**sur** – on, over, above
**Comment?** – How?
**Comme ça!** – Like this!
**elle** – her (feminine object of a preposition). With **chez,** it means at her house.

| | |
|---|---|
| Jacqueline | Elle est dans son bureau. *Répétez.* |
| Jacques | *Question:* Est-ce que Pierre est avec elle? |
| Jacqueline | Oui, il est avec elle. *Répétez.* |
| Jacques | Est-ce que Marie chante dans son bureau? |
| Jacqueline | Non, elle ne chante pas dans son bureau. |
| Jacques | … Est-ce qu'elle écoute de la musique ou est-ce qu'elle tape à la machine? |
| Jacqueline | … Elle tape à la machine. |
| Jacques | *Répétez:* Marie est secrétaire et elle a **une machine à écrire.** Une machine à écrire. *Écoutez. Ne répétez pas.* |

**une machine à écrire** – a typewriter

| | |
|---|---|
| Marie | Ici, au bureau, j'ai … une machine à écrire et … un ordinateur. |
| Pierre | Et chez vous aussi? |
| Marie | Non, chez moi, je n'ai pas d'ordinateur, j'ai seulement une machine à écrire et le téléphone. |

| | |
|---|---|
| Jacques | *Répétez:* Au bureau, Marie a une machine à écrire et un ordinateur. |
| Jacqueline | Au bureau, Marie a une machine à écrire et un ordinateur. |

| Jacques | *Répétez:* Chez elle, elle a seulement une machine à écrire. |
| --- | --- |
| Jacqueline | Chez elle, elle a seulement une machine à écrire. |
| Jacques | *Question:* Mais Marie a-t-elle aussi le téléphone chez elle? |
| Jacqueline | Oui, Marie a aussi le téléphone chez elle. |
| Jacques | Maintenant, *écoutez* Pierre et Marie. *Ne répétez pas.* *Écoutez* seulement. … |

| Pierre | Marie, votre chaise est très **petite.** |
| --- | --- |
| Marie | Oui, c'est vrai, elle est petite, mais elle est **confortable.** |

**petite** – little, small (feminine)

**confortable** – comfortable (masculine and feminine)

| Jacques | *Question:* Marie a-t-elle une grande chaise ou une petite chaise? Elle a … |
| --- | --- |
| Jacqueline | Elle a une petite chaise. *Répétez.* |
| Jacques | *Écoutez. Ne répétez pas.* |

| Pierre | Votre chaise est très, très petite, Marie! |
| --- | --- |
| Marie | Oui, je sais. Mais pour moi, elle n'est pas petite. Elle est très confortable pour taper à la machine. |
| Pierre | Confortable? Cette chaise est confortable? |
| Marie | Mais oui, **parfaitement!** Cette petite chaise est très confortable pour taper à la machine. |
| Pierre | **Allez,** allez! … |
| Marie | C'est vrai. |

**parfaitement** – perfectly, very
**Allez!** – Go on, you're not serious! 2nd-person singular polite and plural imperative of the verb **aller** – to go. Pierre's tone of voice suggests he doesn't believe Marie.

| | Jacques | *Répétez:* La chaise de Marie n'est pas grande ... mais elle est confortable. |
|---|---|---|
| **assis** – seated, sitting (masculine). Notice that **sur** (on) follows. | | *Question:* Qui est **assis** sur cette petite chaise, Pierre ou Marie? |
| **assise** – seated, sitting (feminine) | Jacqueline | Marie est **assise** sur cette petite chaise. |
| | Jacques | C'est Marie qui est assise sur cette petite chaise. |
| | | *Répétez:* C'est elle. |
| | | *Question:* M. Duval est-il assis sur cette chaise? |
| | Jacqueline | Non, M. Duval n'est pas assis sur cette chaise. |
| **debout** – standing (masculine and feminine) | Jacques | *Question:* M. Duval est **debout**, n'est-ce pas? Oui, ... |
| | Jacqueline | Oui, il est debout. |
| | Jacques | *Répétez:* Marie est assise sur la chaise |
| **devant** – in front of, in the front | | **devant** la machine. |
| | Jacqueline | Marie est assise sur la chaise devant la machine. |
| **derrière** – in back of, at the rear | Jacques | M. Duval est debout **derrière** Marie. |
| | Jacqueline | M. Duval est debout derrière Marie. |
| | Jacques | *Répétez:* derrière. |
| | Jacqueline | Derrière. |

| | |
|---|---|
| Jacques | Pas devant, derrière! |
| | Marie n'est pas devant la porte. … |
| | Elle n'est pas devant la fenêtre. … |
| | *Question:* Est-elle devant l'horloge? |
| Jacqueline | Non, elle n'est pas devant l'horloge. *Répétez.* |
| | Non, elle n'est pas devant l'horloge. … |
| Jacques | Devant **quoi** est-elle? |
| Jacqueline | Elle est devant la machine à écrire. *Répétez.* |
| Jacques | Qui est derrière Marie, M. Johnson ou M. Duval? |
| Jacqueline | M. Duval est derrière Marie. |
| | Oui, c'est ça. C'est M. Duval qui est derrière Marie. |
| Jacques | *Question:* Est-ce que M. Johnson est devant la machine? |
| Jacqueline | Non, M. Johnson n'est pas devant la machine! |
| Jacques | Où est-il? Est-ce que … **vous savez?** |
| Jacqueline | Non, je ne sais pas. |

•••

FIN DE LA **SCÈNE 10**

**quoi** – what. Here the object of a preposition, used when the actual object is unknown or unspecified. **Devant quoi est-elle?** – What is she standing in front of?

**Vous savez?** – (Do) you know? 2nd-person singular polite and plural of the verb **savoir** – to know (a fact). This phrase is another way to ask **Savez-vous?** You can drop the **est-ce que** in casual speech. Many French speakers use **vous savez** liberally to involve the listener and move conversation along, as English speakers do with **You know?**

# Exercice 10

**1.**   Review these possessive adjectives:

| | **Singular** | **Plural** |
|---|---|---|
| je: | **mon** bureau, **ma** chaise | **mes** bureaux, **mes** chaises |
| il: | **son** bureau, **sa** chaise | **ses** bureaux, **ses** chaises |
| elle: | **son** bureau, **sa** chaise | **ses** bureaux, **ses** chaises |
| nous: | **notre** bureau, **notre** chaise | **nos** bureaux, **nos** chaises |
| vous: | **votre** bureau, **votre** chaise | **vos** bureaux, **vos** chaises |
| ils: | **leur** bureau, **leur** chaise | **leurs** bureaux, **leurs** chaises |
| elles: | **leur** bureau, **leur** chaise | **leurs** bureaux, **leurs** chaises |

**2.**   Complete these phrases:

**a.**   le stylo de Pierre = _____ stylo

**b.**   la montre de Pierre = _____ montre

**c.**   le stylo de Marie = _____ stylo

**d.**   la montre de Marie = _____ montre

**e.**   les stylos de Pierre = _____ stylos

**f.**   les montres de Marie = _____ montres

**g.**   les stylos de Pierre et de Marie = _____ stylos

**h.**   les montres de Pierre et de Marie = _____ montres

**i.**   le bureau de Marie et de M. Duval = _____ bureau

**j.**   l'ordinateur de M. Duval et de moi = _____ ordinateur

**k.**   l'horloge de M. Duval et de vous = _____ horloge

# Exercise 10

**3.** The prepositions à and de:

| **à** | **de** | |
|---|---|---|
| M. Duval va à Paris. | M. Duval vient de Lyon. | C'est le téléphone de Marie. |

**à + le = au, à l'**    **de + le = du, de l'**

| | | |
|---|---|---|
| Marie va au bureau. | Pierre vient du bureau. | C'est la chaise du professeur. |
| Pierre va à l'ordinateur. | Pierre vient de l'ordinateur. | C'est la cassette de l'étudiant. |

**à + la = à la, à l'**    **de + la = de la, de l'**

| | | |
|---|---|---|
| Pierre va à la fenêtre. | Marie vient de la maison. | C'est le téléphone de la secrétaire. |
| Pierre va à l'école. | Pierre vient de l'école. | C'est la cassette de l'étudiante. |

**4.** Complete these sentences:

    **a.** C'est la machine _____ secrétaire.

    **b.** Marie arrive au bureau _____ neuf heures.

    **c.** Voilà l'horloge _____ bureau.

    **d.** L'avion (*plane*) va de New York _____ Paris.

    **e.** L'étudiant va _____ université.

    **f.** C'est la classe _____ M. Clément.

**5.** Study these verb forms in the negative:

| | **-er** | **-re** | **-ir** |
|---|---|---|---|
| Infinitive: | **parler** | **répondre** | **finir** |
| | je ne parle pas | je ne réponds pas | je ne finis pas |
| | vous ne parlez pas | vous ne répondez pas | vous ne finissez pas |
| | il ne parle pas | il ne répond pas | il ne finit pas |
| | elle ne parle pas | elle ne répond pas | elle ne finit pas |

# Exercise 10

**6.**  Write negative answers:

    **a.**  Est-ce que Jacques répète les phrases en anglais? Non, il ne ...

    **b.**  Répondez-vous en espagnol maintenant? Non, je ne ...

    **c.**  Est-ce que je parle à M. Gonzalez? Non, vous ne ...

    **d.**  Marie tape-t-elle debout? Non, elle ne ...

# SCÈNE 11

**"CHER MONSIEUR, ..."**     **"Dear Sir, ..."**

| Jacques | *Ne répétez pas.* |
|---|---|
| **Homme** | Un stylo, s'il vous plaît. |
| **Femme** | Voilà. |
| Homme | Et **du papier**, s'il vous plaît. |
| Femme | Voilà. |
| Homme | Merci. "Cher Monsieur, ... **Je réponds** ici **à votre lettre** ..." |
| Femme | **Vous faites votre correspondance?** |
| Homme | Oui. "Cher Monsieur, Je réponds ici à votre lettre ..." |

**l'homme** – the man. The **h-** is silent.
**la femme** – the woman
**du papier** – some paper. Notice the use of **du; papier** is masculine.
**réponds** – reply, am replying; answer, am answering. 1st-person singular of the verb **répondre** – to reply, to answer.
**à votre lettre** – to your letter. **Lettre** is feminine.
**Vous faites votre correspondance?**
– Are you writing letters? Are you answering your mail? Literally: Are you doing your correspondence? **Faites** is the 2nd-person singular polite and plural of the verb **faire** – to make, to do.
**Correspondance** is feminine, as are all nouns ending in **-ance.**

**ce** – this (masculine)

| Jacques | *Répétez:* **Ce** monsieur a un stylo et du papier. ... |
|---|---|
| | Du papier. *Question:* Est-ce qu'il tape à la machine? |
| Jacqueline | Non, il ne tape pas à la machine. ... |
| Jacques | *Écoutez. Ne répétez pas.* |

**écrit** – is writing, writes. 3rd-person singular of the verb **écrire** – to write.
**avec quoi?** – with what?
**sur quoi?** – on what? upon what?

| M. Clément | Il **écrit.** |
|---|---|
| Pierre | **Avec quoi?** |
| Marie | Avec un stylo. |
| Pierre | **Sur quoi?** |
| Marie | Sur le papier. |

**pourquoi?** – why? Literally: for what? Notice that there is no space between **pour** and **quoi.**

| Jacques | Maintenant, *répétez:* |
|---|---|
| | Avec quoi, sur quoi, devant quoi, **pourquoi?** |
| Jacqueline | Avec quoi ... sur quoi ... devant quoi ... pourquoi? |
| Jacques | *Question:* Est-ce que Marie écrit avec un stylo? |
| Jacqueline | Non, elle n'écrit pas avec un stylo. |
| Jacques | Est-ce qu'elle écoute la radio? |
| Jacqueline | Non, elle n'écoute pas la radio. |
| Jacques | Est-ce qu'elle chante? |
| Jacqueline | Non, elle ne chante pas! |
| Jacques | Elle n'écoute pas la radio, elle ne chante pas, |
| | elle n'écrit pas avec un stylo. **Qu'est-ce qu'elle fait?** |
| Jacqueline | Elle tape à la machine! |
| Jacques | *Répétez* la question: Qu'est-ce qu'elle fait? |

**Qu'est-ce qu'elle fait?** – What's she doing? What does she do? 3rd-person singular of the verb **faire** – to make, to do.

*Répétez* **la réponse:** Elle tape à la machine.

*Répétez* encore la question: Qu'est-ce qu'elle fait?

Et *répétez* maintenant les **autres** questions: ...

Qu'est-ce qu'il **fait?** Qu'est-ce que je **fais?**

Bon. Maintenant, *écoutez* **ce que fait M. Clément.**

... Qu'est-ce qu'il fait?

| | |
|---|---|
| Jacqueline | Il écrit. |
| Jacques | Écoutez ce que fait Pierre. ... **Qu'est-ce qu'il fait?** |
| Jacqueline | Il chante! |
| Jacques | Oui, exactement. Il chante une chanson. |

*Écoutez. Ne répétez pas.*

| | |
|---|---|
| Pierre | **Auprès de ma blonde,** il fait bon, fait bon, fait bon.<br>Auprès de ma blonde, il fait bon dormir ... |
| Marie | Mais **enfin,** Pierre! **Qu'est-ce que vous faites?** |
| Pierre | Qu'est-ce que je fais? Mais je chante, Marie!<br>Vous n'écoutez pas? |
| Marie | J'écoute, j'écoute! Mais ... nous sommes au bureau et je suis très occupée! **Arrêtez de chanter,** s'il vous plaît. J'ai une **autre** lettre **à taper!** |
| Pierre | Oh! Excusez-moi, Marie. Mais vous tapez **si vite!** |
| Marie | Je tape vite **parce que** je tape **beaucoup.**<br>J'ai beaucoup de **pratique.** |
| Pierre | Et vous êtes une très bonne secrétaire! |
| Marie | Merci, Pierre. Vous êtes très **aimable.** |

**la réponse** – the answer

**autres** – other (plural)

**fait** – is doing, does. 3rd-person singular of the verb **faire** – to make, to do.

**fais** – am doing, do. 1st-person singular of the verb **faire** – to make, to do.

**ce que fait M. Clément** – that which Mr. Clement is doing, does

**Qu'est-ce qu'il fait?** – What's he doing? What does he do? 3rd-person singular of **faire.**

**Auprès de ma blonde ...** – A well-known French folk song.

**enfin** – finally, after all. Here, **mais enfin** expresses exasperation.

**Qu'est-ce que vous faites?** –What are you doing? What do you do? 2nd-person singular polite and plural of the verb **faire.**

**Arrêtez de chanter.** – Stop singing. Polite imperative of the verb **arrêter** – to stop. Notice that French speakers use the form **de** + verb (infinitive) when asking someone to stop doing something.

**autre** – other (singular)

**à taper** – (left, remaining) to type

**si** – so, very (before an adjective or adverb)

**vite** – fast, rapidly

**parce que** – because

**beaucoup** – a lot, a great deal (with a verb). **Beaucoup** follows a verb but precedes a noun. Compare **je tape beaucoup** – I type a lot – and **beaucoup de pratique** – a lot of practice (on the next line). Remember that **beaucoup** takes **de** or **d'** before a noun.

**la pratique** – practice

**aimable** – kind, nice

| | |
|---|---|
| Jacques | *Répétez:* Marie tape vite ... parce que c'est une bonne secrétaire! |
| | Pourquoi? Parce que ... Pourquoi tape-t-elle vite? |
| Jacqueline | Parce que c'est une bonne secrétaire. |
| | *Répétez:* Parce que c'est une bonne secrétaire. |
| Jacques | ... **Écoutez** taper Pierre. ... *Ne répétez pas.* |

| | |
|---|---|
| Pierre<br>Marie | Moi, je ne tape pas vite. Je tape **lentement.** **C'est normal.** Vous n'avez pas de pratique. |

| | |
|---|---|
| Jacques | *Question:* Maintenant, c'est Pierre qui tape? |
| Jacqueline | Oui, maintenant, c'est Pierre qui tape. |
| Jacques | Est-ce qu'il tape vite ou lentement? |
| Jacqueline | Il tape lentement. |
| Jacques | **Qui est-ce qui** tape vite, Pierre ou Marie? |
| Jacqueline | C'est Marie qui tape vite. |
| Jacques | Qui est-ce qui tape lentement? |
| Jacqueline | C'est Pierre qui tape lentement. |
| Jacques | Maintenant *écoutez-moi.* Je **pose une question:** |
| | Est-ce que je ... parle ... vite ... ou ... lentement? |

**Écoutez taper Pierre.** – Listen to Pierre type. Notice that the subject, Pierre, follows the verb in French.

**lentement** – slowly. The French ending **-ment** corresponds to the English **-ly.** You've seen other adverbs with this pattern: **exactement, parfaitement, seulement.**

**C'est normal.** – It's normal. It's natural. It's to be expected.

**Qui est-ce qui ...?** – Who ...? Long form of the question **Qui ...?** Literally: Who is it who ...?

**pose une question** – pose, ask a question. 1st-person singular of the verb **poser** – to pose, to ask (a question).

| | |
|---|---|
| Jacqueline | Vous parlez lentement. |
| Jacques | Très lentement? |
| Jacqueline | Oui, très lentement. … Très, très, très lentement … |
| | **Trop** lentement! |
| Jacques | *Répétez:* très lentement, trop lentement! |
| | Très vite, trop vite! |

**trop** – too, excessively

---

| | |
|---|---|
| Pierre | Vite, vite, vite! 1, 2, 3, 4, 5, 6, 7, 8, 9, 10. Ouf! |
| Marie | Pierre! |
| Pierre | Pierre? O.K., "Pierre": **P-i-e-r-r-e,** "Pierre!" **C'est moi!** |
| Marie | Vous comptez vite, Pierre, mais vous tapez lentement. |
| Pierre | Parce que je ne suis pas secrétaire, moi! |
| Marie | Écoutez-moi taper: "Marie": **M-a-r-i-e.** |
| Pierre | Ah! **Formidable!** Vous êtes formidable! Vous tapez si vite! |
| Client 1 | Cette secrétaire est formidable! |
| Client 2 | Oui, elle est formidable! Elle est **vraiment** formidable! |
| Client 3 | **Comment s'appelle-t-elle?** |
| Client 4 | **Elle s'appelle Marie**, Marie Beaulieu. |

**P-i-e-r-r-e. Pierre** spelled out. Notice that the name of the French letter **i** is the same as the name of the English letter **e**.
**C'est moi!** – It's me! That's me!
**M-a-r-i-e. Marie** spelled out.
**Formidable!** – Sensational! Great! Literally: Formidable! (masculine and feminine). Pierre is paying Marie a great compliment.
**vraiment** – truly, really
**Comment s'appelle-t-elle?** – What's her name?
**Elle s'appelle Marie.** – Her name's Marie. Literally: She's called Marie. 3rd-person singular of the verb **s'appeler** – to call, to name (oneself). This verb always requires a pronoun: **se** for the 3rd-person singular and plural. Notice the contraction **s'** before a vowel.

---

| | |
|---|---|
| Jacques | *Répétez:* Elle s'appelle Marie. |
| | L'étudiant s'appelle Pierre. |
| | Il s'appelle Pierre. Elle s'appelle Marie. |
| | Et le professeur de Pierre, **comment s'appelle-t-il?** |

**Comment s'appelle-t-il?** – What's his name?

**Qui êtes-vous?** – Who are you?
**Je m'appelle ...** – My name is ... 1st-person singular of the verb **s'appeler** – to call, to name (oneself). This verb always requires a pronoun: **me** for the 1st-person singular. Notice the contraction **m'** before a vowel.
**une étudiante** – a student (feminine)
**nouvelle** – new (feminine)
**de l'école** – of the school. **École** is feminine.
**Comment vous appelez-vous?** – What's your name?
**Enchanté.** – Pleased to meet you (masculine). Literally: Enchanted, charmed. This is an appropriate response when formally meeting someone for the first time.
**Enchantée.** – Pleased to meet you (feminine).

Let's review some forms of the verb **s'appeler** – to call, to name (oneself). Notice that the **l** is doubled in the 1st- and 3rd-person singular forms:
**je m'appelle** – my name is
**il s'appelle** – his name is
**elle s'appelle** – her name is
**vous vous appelez** – your name is

| | |
|---|---|
| Jacqueline | Il s'appelle Clément. |
| Jacques | *Écoutez. Ne répétez pas.* |

| | |
|---|---|
| Étudiante | Bonjour! **Qui êtes-vous?** |
| M. Clément | Moi? Mais je suis le professeur! |
| Étudiante | Oh! Excusez-moi, Monsieur. Alors vous êtes M. Pascal? |
| M. Clément | Non, **je m'appelle** Clément. Et vous, Mademoiselle, qui êtes-vous? |
| Étudiante | Je suis **une nouvelle étudiante de l'école.** |
| M. Clément | **Comment vous appelez-vous?** |
| Étudiante | Je m'appelle Suzanne Bertin. |
| M. Clément | **Enchanté,** Mlle Bertin. |
| Étudiante | **Enchantée,** Monsieur. |

| | |
|---|---|
| Jacques | *Question:* Comment vous appelez-vous? |
| | Je m'appelle ... Ah! Très bien. |
| | Maintenant, *répétez* le verbe: |
| | je m'appelle, |
| | il s'appelle, |
| | elle s'appelle, |
| | vous vous appelez. |

•••

FIN DE LA **SCÈNE 11**

# Exercise 11

**1.** Study these verbs:

| **avoir** | **être** | **aller** | **venir**. |
|---|---|---|---|
| j'ai | je suis | je vais | je viens |
| vous avez | vous êtes | vous allez | vous venez |
| il a | il est | il va | il vient |
| elle a | elle est | elle va | elle vient |
| nous avons | nous sommes | nous allons | nous venons |
| ils ont | ils sont | ils vont | ils viennent |
| elles ont | elles sont | elles vont | elles viennent |

| **écrire** | **savoir** | **faire** | **ouvrir** (to open) |
|---|---|---|---|
| j'écris | je sais | je fais | j'ouvre |
| vous écrivez | vous savez | vous faites | vous ouvrez |
| il écrit | il sait | il fait | il ouvre |
| elle écrit | elle sait | elle fait | elle ouvre |
| nous écrivons | nous savons | nous faisons | nous ouvrons |
| ils écrivent | ils savent | ils font | ils ouvrent |
| elles écrivent | elles savent | elles font | elles ouvrent |

**2.** Complete each sentence with one of the verbs above:

**a.** Que _____ -vous? J'écris une lettre.

**b.** M. Johnson _____ américain.

**c.** Nous _____ à Paris en avion.

**d.** Pierre _____ la porte.

**e.** Vous _____ du bureau.

**f.** Marie _____ taper vite à la machine.

**g.** Je _____ une cassette de français.

**h.** Les étudiants _____ la réponse.

# Exercise 11

**3.** Formation of most adverbs:

Adjective (feminine form) + **-ment** = Adverb
certain + -e + -ment =                 certainement
exact + -e + -ment =                   exactement
parfait + -e + -ment =                 parfaitement

Example: L'exercice est parfait; je réponds parfaitement.

**4.** Supply the missing adverbs:

**a.** Votre réponse est exacte; vous répondez _____

**b.** Cette voiture est lente; elle va _____

**c.** L'adverbe qui correspond à l'adjectif "rapide" est: _____

**d.** L'adverbe qui correspond à l'adjectif "normal" est: _____

**COMMENT VOUS APPELEZ-VOUS?**     **What's Your Name?**

| Jacques | ... *Ne répétez pas.* |
|---|---|

| Étudiante | Comment vous appelez-vous? |
|---|---|
| Jacques | Je m'appelle Jacques. |
| Étudiante | Et vous, comment vous appelez-vous? |
| Jacqueline | Je m'appelle Jacqueline. |

| Jacques | *Répétez* la question: Comment vous appelez-vous? |
|---|---|
| | *Répétez* la question: Comment s'appelle-t-il? |
| | *Répétez* la question: Comment s'appelle-t-elle? |

Maintenant, *écoutez. Ne répétez pas.*

**le prénom** – the first name, the given name

**le nom** – the name

**le nom de famille** – the family name, the surname. **Famille** (family) is feminine.

**C'est écrit.** – It's written. **Écrit** is the past participle of the verb **écrire** – to write.

**le passeport** – the passport

**sur** – in (with **photo**). **Sur** usually means on, as with **passeport** on the previous line.

**la photo d'identité** – the identification photograph

**l'identité** – identity (feminine)

**certainement** – certainly, of course.

**Certainement que c'est moi!** – Of course (that) it's me!

**Ce sont ...** – These are ... (Are these ...? as a question).

**des noms de famille** – family names, surnames.

| | |
|---|---|
| Pierre | Je m'appelle Pierre. Pierre Valois. "Pierre" est mon **prénom**. "Valois" est mon **nom**. |
| Marie | Je m'appelle Marie. Marie Beaulieu. "Marie" est mon prénom. "Beaulieu" est mon nom, mon **nom de famille. C'est écrit** sur mon **passeport**. |
| Pierre | Et c'est vous, **sur** cette **photo d'identité**? |
| Marie | Sur la photo de passeport? |
| Pierre | Oui. C'est vous? |
| Marie | **Certainement que c'est moi!** |

Jacques      *Répétez:* le nom de famille ... le prénom.

Le nom de famille de Pierre est Valois.

Le nom de famille de Marie est Beaulieu.

*Question:* Pierre, Marie, Georges, Suzanne, Émile, ... **Ce sont des noms de famille** ou des prénoms? Ce sont ... des ...

Jacqueline      Ce sont des prénoms. *Répétez.*

Ce sont des prénoms.

Jacques      *Question:* Valois, Beaulieu, Clément, Bertin, Duval, ... Ce sont des noms de famille ou des prénoms? Ce sont ...

Jacqueline      Ce sont des noms de famille.

| Jacques | Est-ce que Pierre et Marie ont des noms français, **anglais** ou **espagnols?** |
|---|---|
| Jacqueline | Pierre et Marie ont des noms français. <br><br> Ils ont des noms français. |
| Jacques | *Répétez:* Pierre et Marie sont français. <br><br> *Répétez:* Ils ont, ils sont. |
| Jacqueline | Ils ont, ils sont. |
| Jacques | *Récapitulation:* J'ai, vous avez, il a, elle a, ils ont. <br><br> … Maintenant, l'autre verbe: Je suis, vous êtes, il est, elle est, nous sommes, ils sont. … *Répétez:* Ils sont français. Ils ont des noms français. |
| Jacqueline | Ils sont français. Ils ont des noms français. |
| Jacques | … Ils sont, ils ont. … *Ne répétez pas.* |

**anglais** – English (masculine). The singular and plural forms are identical.
**espagnols** – Spanish (masculine plural)

| Étudiant | Le professeur s'appelle Clément, mais je ne sais pas **quel est son prénom.** Paul Clément, Gérard Clément, Robert ou Philippe, je ne sais pas exactement … |
|---|---|
| Étudiante | Vous ne savez pas? **Posez** la question à la secrétaire! |
| Étudiant | D'accord! |

| Jacques | L'étudiant **va poser** la question à Marie. |
|---|---|

**Quel est son prénom?** – What (which) is his first name? **Quel** is the masculine singular form of the adjective meaning which. You can use it also to begin a question.
**Posez …** – Ask … Polite imperative of the verb **poser (une question)** – to pose, to ask (a question).
**va poser…** – is going to ask … **Va** is the 3rd-person singular of the verb **aller** – to go. The expression **aller** + verb (infinitive) refers to the near future and means to be going to (do something).

**Pardon.** – Pardon (me). Excuse (me). You can use this word to get someone's attention, as well as to ask someone to repeat something you didn't understand.

**De rien.** – It's nothing. Don't mention it. Literally: Of nothing. This is the standard response when someone thanks you.

| | |
|---|---|
| Étudiant | ... **Pardon,** Mademoiselle! |
| Marie | Oui? |
| Étudiant | Quel est le prénom de notre professeur, s'il vous plaît? |
| Marie | Paul. Il s'appelle Paul Clément. ... |
| Étudiant | Merci bien, Mademoiselle. |
| Marie | **De rien.** |
| Étudiant | Il s'appelle Paul Clément! |
| Étudiante | Ah! |

| | |
|---|---|
| Jacques | *Question:* Quel est le prénom de M. Clément? |
| Jacqueline | Le prénom de M. Clément est Paul. *Répétez.* |
| | Le prénom de M. Clément est Paul. |
| Jacques | Son prénom est Paul. |
| | *Question:* Quel est son nom de famille? |
| Jacqueline | Son nom de famille est Clément. *Répétez.* |
| | Son nom de famille est Clément. |

**l'alphabet** – the alphabet (masculine)
**A, B, C, ... Z** – Notice the names of these letters.

| | |
|---|---|
| Jacques | *Répétez* **l'alphabet: A, B, C, D, E, F, G ...** |
| | **H, I, J, K, L, M, N, O, P ...** |
| | **Q, R, S, T, U, V ... W, X, Y, Z.** |
| | *Question:* C'est l'alphabet, n'est-ce pas? |
| Jacqueline | Oui, c'est l'alphabet. |
| Jacques | *Ne répétez pas.* Maintenant, vous savez |

l'alphabet en français! … C'est bien.

Pierre aussi sait l'alphabet en français.

| | |
|---|---|
| M. Clément | Pierre, **dites-moi** l'alphabet en français, s'il vous plaît. |
| Pierre | A, B, C, D, E, F, G … |
| M. Clément | **Pas si vite,** pas si vite, Pierre! Vous parlez trop vite! |
| Pierre | H, I, J, K, L, M, N, 0, P … |
| M. Clément | Q … |
| Pierre | Ah, oui! Q, R, S, T, U, V … |
| M. Clément | W … |
| Pierre | Ah, oui! W … X, Y, Z. |

**Dites-moi.** – Tell me. Polite imperative of the verb **dire** – to tell, to say.

**pas si vite** – not so fast

Jacques     *Répétez:* Pierre sait l'alphabet.

Il sait le nom des lettres.

| | |
|---|---|
| Marie | C'est bien, Pierre. Vous savez le nom des lettres en français. |
| Pierre | Et **je sais compter** en francais! Je sais **calculer.** |
| Marie | Oui. Et vous savez le prénom du professeur. |
| Pierre | Oui, il s'appelle Paul. |
| Marie | Et moi, je sais votre nom de famille: c'est "Valois". |
| M. Clément | Vous savez l'alphabet, Pierre, mais **vous ne savez pas taper à la machine.** Vous tapez trop lentement. |
| Pierre | Oui, je sais! |

**Je sais compter.** – I know how to count. You've already seen the 1st-person singular of the verb **savoir** – to know (a fact). **Savoir** + verb (infinitive) means to know how to do something.
**calculer** – to calculate, to compute, to do arithmetic
**Vous ne savez pas taper à la machine.** – You don't know how to type. Notice that the negative words **ne** and **pas** surround only the first verb, which is the main verb.

Jacques     … Je sais, il sait, elle sait, … vous savez.

*Écoutez* Pierre, Marie et M. Clément. *Ne répétez pas.*

**nous savons** – we know. 1st-person plural of the verb **savoir** – to know (a fact or how to do something).

**répondre** – to reply, to answer
**aux questions** – to the questions. Notice that the preposition **à, au,** or **aux** is required before the object of the verb **répondre**.

| | |
|---|---|
| Pierre | … Vous savez l'alphabet et moi aussi, je sais l'alphabet. |
| Marie | Alors, vous et moi, **nous savons** l'alphabet. |
| M. Clément | Nous savons l'alphabet. |
| Marie | Vous et moi, nous savons compter en français. |
| M. Clément | Nous savons compter. Nous savons calculer. |
| Pierre | Nous savons **répondre aux questions.** |
| M. Clément | Nous savons répondre. |
| Pierre | Bravo! |

| | |
|---|---|
| Jacques | … Nous savons, vous savez. |
| | Vous aussi, Monsieur, Madame ou Mademoiselle |
| | qui écoutez, vous savez répondre. |
| Jacqueline | Vous répondez très bien. |
| Jacques | C'est vraiment bien, vous savez! |
| | Vraiment bien! |
| Jacqueline | La scène est terminée. |

•••

# FIN DE LA **SCÈNE 12**

# Exercise 12

**1.** Review the immediate future with **aller** + verb (infinitive):

Je vais écouter la cassette.      Nous allons ouvrir la porte.
Vous allez répondre aux questions.      Vous allez venir avec moi.
Il va finir l'exercice.      Ils vont parler japonais.
Elle va écrire une lettre.      Elles vont arriver à six heures.

**2.** Complete these sentences with **aller** or with an appropriate infinitive:

**a.** Je _____ répéter les phrases.
**b.** Vous n'allez pas _____ aux questions en anglais.
**c.** Pierre _____ taper à la machine.
**d.** M. et Mme Duval _____ voyager *(to travel)* en Italie.

**3.** Study these adjective forms. Remember that an adjective must agree in gender and number with the noun it modifies:

|  | Singular | Plural |
|---|---|---|
| Masculine | **grand** | **grands** |
| Feminine | **grande** | **grandes** |

Examples:    J'ai un grand stylo.    J'ai deux grands stylos.
           J'ai une grande photo.    J'ai deux grandes photos.

**4.** Provide the three missing forms of each adjective:

**a.** petit: _____, _____, _____
**b.** intelligentes: _____, _____, _____
**c.** lents: _____, _____, _____
**d.** importante: _____, _____, _____
**e.** américain: _____, _____, _____

# Exercise 12

**5.** Complete these sentences with the appropriate form of the adjective **intéressant** *(interesting)*:

**a.** Vous avez un prénom _____.

**b.** Les questions sont très _____.

**c.** Ils vont parler avec deux professeurs _____.

**d.** J'écoute une cassette _____.

**CORRECTION.**

2.  a.  Je vais répéter les phrases.
    b.  Vous n'allez pas répondre aux questions en anglais.
    c.  Pierre va taper à la machine.
    d.  M. et Mme Duval vont voyager en Italie.

4.  a.  petite, petits, petites
    b.  intelligent, intelligente, intelligents
    c.  lent, lente, lentes
    d.  important, importants, importantes
    e.  américaine, américains, américaines

5.  a.  Vous avez un prénom intéressant.
    b.  Les questions sont très intéressantes.
    c.  Ils vont parler avec deux professeurs intéressants.
    d.  J'écoute une cassette intéressante.

# SCÈNE 13

**BON WEEK-END!**　　**Have a Good Weekend!**

| | |
|---|---|
| Jacques | *Ne répétez pas.* |

| | |
|---|---|
| M. Duval | Il est six heures, Marie. **Bonsoir.** |
| Marie | Bonsoir, Monsieur. |

**Bonsoir.** – Good night. Good evening.

| | |
|---|---|
| Jacques | *Répétez:* Bonsoir! Bonjour! Au revoir! Bonsoir! |

| | |
|---|---|
| M. Duval | Bonsoir, Marie. **Bon week-end!** |
| Marie | Bon week-end, Monsieur! |
| Pierre | Au revoir, Marie. |
| Marie | Au revoir, Pierre. Bon week-end! |
| M. Clément | Bonsoir. Bon week-end! |

**Bon week-end!** – (Have a) good weekend! Notice that **week-end** has a hyphen in French. This word was borrowed from English.

**la fin de la semaine** – the weekend. Literally: the end of the week.

**Bonne fin de semaine!** – (Have a) good weekend!
**le samedi** – Saturday
**le dimanche** – Sunday. Notice that the days of the week are masculine and are not capitalized in French.

**le dimanche** – on Sunday(s), every Sunday. When speaking generally about a day of the week, use the article **le.** But don't use the article when speaking about a specific day: **Dimanche elle va au bureau.** – (This) Sunday, she's going to the office.

**vais** – go, am going. 1st-person singular of the verb **aller** – to go.

**travaille** – works, is working. 3rd-person singular of the verb **travailler** – to work.

**l'école** – the school (feminine)
**écris** – write, am writing. 1st-person singular of the verb **écrire** – to write.
**pour** – in order to, for (purpose)

| | |
|---|---|
| Jacques | *Répétez:* Le week-end est **la fin de la semaine.** |
| | La fin de la semaine. |
| | *Répétez:* Bon week-end! **Bonne fin de semaine!** |
| | Le week-end, c'est **le samedi** et **le dimanche.** |
| | Le samedi. Le dimanche. |
| | *Question:* Est-ce que Marie va au bureau **le dimanche?** |
| Jacqueline | Non, elle ne va pas au bureau le dimanche. |
| | Non, elle ne va pas au bureau le dimanche. |
| Jacques | *Écoutez. Ne répétez pas.* |
| Marie | Ah! Le dimanche, c'est formidable! Je ne **vais** pas au bureau. Je ne tape pas à la machine. Je ne réponds pas au téléphone. … |
| Jacques | Elle ne **travaille** pas le dimanche. *Ne répétez pas.* |
| Pierre | Ah! Pour moi aussi, le dimanche, c'est formidable. Je ne vais pas à **l'école.** Je ne fais pas d'exercices de français. Je n'**écris** pas, et M. Clément n'est pas ici. Il ne vient pas chez moi **pour** poser des questions! Le dimanche, je ne travaille pas. |
| Jacques | Pierre ne travaille pas le dimanche. |
| | Est-ce que M. Clément travaille le dimanche? |

| | |
|---|---|
| Jacqueline | Non, M. Clément ne travaille pas le dimanche. |
| Jacques | … C'est la télévision de Pierre. Pierre **regarde** la télévision. Il écoute et il regarde. |
| | *Question:* Est-ce qu'il regarde l'ordinateur? |
| Jacqueline | Non, il ne regarde pas l'ordinateur. *Répétez.* |
| | Non, il ne regarde pas l'ordinateur. |
| Jacques | … Qu'est-ce qu'il regarde? |
| Jacqueline | Il regarde la télévision. |
| Jacques | *Répétez:* Il regarde **un film à la télévision.** |
| Jacqueline | Il regarde un film à la télévision. |
| Jacques | Un film. … Un film américain; **un western!** |
| | … *Ne répétez pas.* |

**regarde** – is watching, is looking at; watches, looks at. 3rd-person singular of the verb **regarder** – to watch, to look at.

**un film** – a film, a movie
**à la télévision** – on television. The French short form of **télévision** is **télé** – TV, telly.
**un western** – a western (film, show). Borrowed from English.

| | |
|---|---|
| M. Clément | … Ah! Voilà **un article sur le tourisme** en France! |

**un article** – an article (as in a newspaper or magazine)
**sur** – about
**le tourisme** – tourism

| | |
|---|---|
| Jacques | M. Clément ne regarde pas la télévision. |
| | Il **lit le journal.** … |
| Jacqueline | Il lit le journal. |
| Jacques | M. Clément n'écrit pas, il lit. |
| | *Écoutez. Ne répétez pas.* Voilà Mme Clément. |

**lit** – is reading, reads. 3rd-person singular of the verb **lire** – to read.
**le journal** – the newspaper. For magazine, the French say **le magazine** or **la revue.**

**France-Soir** – A major French newspaper. Notice **soir** – evening (masculine) in the title.

**cherche** – am looking for. 1st-person singular of the verb **chercher** – to look for, to seek.

**le président de la République** – the president of the Republic (of France)

**l'économie** – the economy (feminine)

**européenne** – European (feminine)

**Le Figaro** – Another major French newspaper.

**le dictionnaire** – the dictionary

**l'encyclopédie** – the encyclopedia (feminine). All French nouns ending in **-ie** are feminine.

**Lit-il?** – Is he reading? Does he read? **Ne travaille-t-il pas?** – Isn't he working? Doesn't he work? Notice the placement of **ne** and **pas** around the inverted subject-verb combination. Remember another way to ask the same question: **Est-ce qu'il ne travaille pas?** Here, **ne** and **pas** are in their usual positions, around the main verb.

| | |
|---|---|
| Mme Clément | Paul, où est le journal **France-Soir?** Est-ce qu'il est ici? Je **cherche** l'article sur **le président de la République** et l'**économie européenne.** |
| M. Clément | Je ne sais pas. Je lis **Le Figaro.** |

Jacques   Est-ce que M. Clément lit le journal *France-Soir?*

Jacqueline   Non, il ne lit pas le journal *France-Soir. Répétez.*

Non, il ne lit pas le journal *France-Soir.*

Jacques   Est-ce que M. Clément lit **le dictionnaire?**

Jacqueline   Non, il ne lit pas le dictionnaire.

Jacques   … Le dictionnaire.

*Question:* M. Clément lit-il **l'encyclopédie?**

Jacqueline   Non, il ne lit pas l'encyclopédie. *Répétez.*

Non, il ne lit pas l'encyclopédie.

Jacques   *Répétez:* l'en - cy - clo - pé - die.

… Est-ce qu'il lit *Le Figaro?*

Jacqueline   Oui, il lit *Le Figaro.*

Jacques   *Question:* **Lit-il** *Le Figaro* au bureau ou chez lui?

Jacqueline   Il lit *Le Figaro* chez lui.

Jacques   *Question:* Pourquoi M. Clément **ne travaille-t-il pas?**

| | |
|---|---|
| Jacqueline | Il ne travaille pas parce que c'est dimanche. *Répétez.* |
| Jacqueline | Il ne travaille pas parce que c'est dimanche. |
| Jacques | *Écoutez* maintenant M. Duval, le directeur de Marie. |

| | |
|---|---|
| M. Duval | … **À moi**, maintenant! … Merci! |

**À moi!** – My turn! Literally: To me! Used in games and sports.

| | |
|---|---|
| Jacques | *Question:* M. Duval est-il au bureau? |
| Jacqueline | Non, M. Duval n'est pas au bureau. |
| Jacques | Est-ce qu'il est chez lui? |
| Jacqueline | Non, il n'est pas chez lui. |
| Jacques | Est-ce qu'il répond au téléphone? |
| Jacqueline | Non, il ne répond pas au téléphone. |
| Jacques | Est-ce qu'il travaille? |
| Jacqueline | Non, il ne travaille pas. |
| Jacques | … Qu'est-ce qu'il fait? Il **joue au tennis**. … |
| | *Répétez:* Il joue. … Il joue au tennis. … |
| Jacqueline | Il joue au tennis avec Mme Duval. … |

| | |
|---|---|
| Mme Duval | **À toi,** maintenant! |

**joue au tennis** – is playing tennis, plays tennis. 3rd-person singular of the verb **jouer** – to play. Notice that the preposition **à, au,** or **aux** is required before the object (game or sport) of the verb **jouer. Tennis** is masculine.

**À toi!** – Your turn! Literally: To you! Used in games and sports. **Toi** is the 2nd-person singular informal objective pronoun. Married couples, lovers, relatives, and close friends usually use **toi** instead of the more formal **vous.**

| | |
|---|---|
| Jacques | *Question:* Est-ce que Mme Duval joue aussi au tennis? |

**avec qui** – with whom (masculine or feminine singular and plural)
**Joue-t-elle?** – Is she playing? Does she play?

**le football** – soccer, European football. American football is **le football américain.**

**le basket-ball** – basketball

**le volley-ball** – volleyball
**le Ping-Pong** – Ping-Pong

| | |
|---|---|
| Jacqueline | Oui, Mme Duval joue aussi au tennis. |
| Jacques | … *Question:* **Avec qui joue-t-elle?** |
| Jacqueline | Elle joue avec M. Duval. |
| Jacques | *Question:* est-ce qu'elle joue au **football** avec M. Duval? |
| Jacqueline | Non, elle ne joue pas au football avec M. Duval. *Répétez:* Non, elle ne joue pas au football avec M. Duval. |
| Jacques | … *Question:* Est-ce qu'elle joue au **basket-ball** avec M. Duval? |
| Jacqueline | Non, elle ne joue pas au basket-ball avec M. Duval. |
| Jacques | … Joue-t-elle au **volley-ball,** au **ping-pong** ou au tennis avec M. Duval? |
| Jacqueline | Elle joue au tennis … avec M. Duval. |
| Jacques | Elle joue au tennis avec lui. … |

•••

# FIN DE LA **SCÈNE 13**

# Exercise 13

**1.** Review the affirmative, interrogative, and negative forms of these verbs:

| **lire** | je lis | est-ce que je lis? | je ne lis pas |
| | il lit | lit-il? | il ne lit pas |
| | elle lit | lit-elle? | elle ne lit pas |
| | nous lisons | lisons-nous? | nous ne lisons pas |
| | vous lisez | lisez-vous? | vous ne lisez pas |
| | ils lisent | lisent-ils? | ils ne lisent pas |
| | elles lisent | lisent-elles? | elles ne lisent pas |
| **voir** *(to see)* | je vois | est-ce que je vois? | je ne vois pas |
| | il voit | voit-il? | il ne voit pas |
| | elle voit | voit-elle? | elle ne voit pas |
| | nous voyons | voyons-nous? | nous ne voyons pas |
| | vous voyez | voyez-vous? | vous ne voyez pas |
| | ils voient | voient-ils? | ils ne voient pas |
| | elles voient | voient-elles? | elles ne voient pas |

**2.** Complete these sentences with **lire** or **voir**:

**a.** Vous _____ *Le Figaro.*

**b.** Nous ne _____ pas le journal maintenant.

**c.** Est-ce que vous _____ le téléphone?

**d.** Non, je ne _____ pas le téléphone.

**e.** _____ -elles l'encyclopédie pour étudier?

**f.** Pierre _____ un dictionnaire français.

**g.** Mme Duval _____ la balle *(ball)* de tennis?

**h.** Ils _____ la voiture.

# Exercise 13

**3.** Direct object pronouns are placed before the verb:

| je | **me** | nous | **nous** |
|---|---|---|---|
| vous | **vous** | vous | **vous** |
| il | **le, l'** | ils | **les** |
| elle | **la, l'** | elles | **les** |

Examples:

| | | | |
|---|---|---|---|
| Je lis <u>le livre</u>. | = | Je <u>le</u> lis. | (Je ne <u>le</u> lis pas.) |
| Je vois <u>Pierre</u>. | = | Je <u>le</u> vois. | (Je ne <u>le</u> vois pas.) |
| Je lis <u>la lettre</u>. | = | Je <u>la</u> lis. | (Je ne <u>la</u> lis pas.) |
| Je vois <u>Marie</u>. | = | Je <u>la</u> vois. | (Je ne <u>la</u> vois pas.) |
| Je lis <u>les papiers</u>. | = | Je <u>les</u> lis. | (Je ne <u>les</u> lis pas.) |
| Je vois <u>Pierre et Marie</u>. | = | Je <u>les</u> vois. | (Je ne <u>les</u> vois pas.) |
| Ils voient <u>M. Duval et moi</u>. | = | Ils <u>nous</u> voient. | (Ils ne <u>nous</u> voient pas.) |

**4.** Write the answers, using direct object pronouns:

**a.** Est-ce que vous lisez l'exercice? Oui, je _____ *le* _____ lis.

**b.** Savez-vous le nom du directeur? Oui, je _____ sais.

**c.** Regardent-ils la télévision? Non, ils ne _____ regardent pas.

**d.** Écrivent-elles les lettres? Oui, elles _____ écrivent.

# Exercise 13

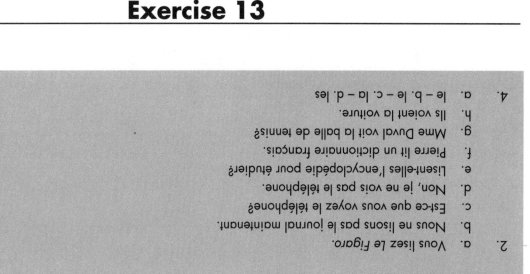

**CORRECTION.**

2. a. Vous lisez *Le Figaro.*
   b. Nous ne lisons pas le journal maintenant.
   c. Est-ce que vous voyez le téléphone?
   d. Non, je ne vois pas le téléphone.
   e. Lisent-elles l'encyclopédie pour étudier?
   f. Pierre lit un dictionnaire français.
   g. Mme Duval voit la balle de tennis?
   h. Ils voient la voiture.

4. a. le – b. le – c. la – d. les

# SCÈNE 14

**AIMEZ-VOUS TRAVAILLER?**

## Do You Like to Work?

| Jacques | *Ne répétez pas.* C'est une petite récapitulation. |
|---|---|
| | Marie ne va pas au bureau: |

| Marie | ... Le dimanche, je ne vais pas au bureau. **Je suis très bien** chez moi. Je ne travaille pas. **Je me repose.** |
|---|---|

| Jacques | Pierre regarde un film à la télévision: |
|---|---|

| Pierre | ... Le dimanche, je ne vais pas à l'école. ... **J'allume la télé.** Je **mets des disques** ou |
|---|---|

**Je suis très bien.** – I'm just fine. I'm quite content.

**Je me repose.** – I rest (myself). 1st-person singular of the pronominal (reflexive) verb **se reposer** – to rest (oneself). Pronominal verbs take an objective pronoun to show that the subject receives the verb's action. You've already seen the pronominal verbs **s'asseoir** and **s'appeler.**

**allume la télé** – turn on the TV, the telly. 1st-person singular of the verb **allumer** – to turn on, to light.

**mets des disques** – put on some records. 1st-person singular of the verb **mettre** – to put (on). **Disque** is masculine.

**ou bien** – or else

> **bien** je me repose. Je suis très bien chez moi.

| Jacques | M. Clément lit le journal: |
|---|---|

**Le Monde** – A major French newspaper.
**Monde** – world.
**l'université** – the university (feminine)
**l'éducation** – education (feminine)
**nationale** – national (feminine)
**intéressant** – interesting (masculine to agree with **un article**)

| M. Clément | … Je lis *Le Figaro* et je lis aussi le journal ***Le Monde.*** |
|---|---|
| Mme Clément | Maintenant, je lis un article sur **l'université** et **l'éducation nationale.** C'est très **intéressant.** |

| Jacques | M. Duval joue au tennis: |
|---|---|

**le service** – the service, the serve (in tennis). With **à toi** – Your serve!
**aujourd'hui** – today
**tu** – you. 2nd-person singular informal pronoun. **Tu** is more casual and intimate than **vous.** Married couples, lovers, relatives, and close friends usually use **tu** instead of **vous.** When first meeting people or if you're ever in doubt, use **vous.**
**joues** – are playing, play. 2nd-person singular informal of the verb **jouer** – to play. Notice the silent final **-s.**
**chérie** – dear, darling (feminine)
**on** – people (in general), everyone, everybody. 3rd-person singular indefinite pronoun.
**des verbes** – verbs (masculine)
**travaille** – work, am working. 1st-person singular of the verb **travailler** – to work.
**travaillez** – work, are working. 2nd-person singular polite and plural of **travailler**.

| M. Duval | … À toi, maintenant, **le service!** |
|---|---|
| Mme Duval | **Aujourd'hui, tu joues** bien, Paul! |
| M. Duval | … Merci, **chérie.** |

| Jacques | *Question:* Alors, **on** ne travaille pas le dimanche? |
|---|---|
| Jacqueline | Non, on ne travaille pas le dimanche. *Répétez.* |
| | Non, on ne travaille pas le dimanche. |
| Jacques | … *Répétez:* On joue. |
| | … On regarde la télé. … On lit le journal. |
| | Mais on ne va pas au bureau! … |

*Récapitulation des **verbes:***

Je ne **travaille** pas. Il ne travaille pas.

Elle ne travaille pas. On ne travaille pas.

Vous ne **travaillez** pas.

... Je **regarde,** il regarde, elle regarde, on regarde.

Vous **regardez.** Vous et moi, nous **regardons.**

Nous regardons, nous **écoutons,** nous **parlons.**

*Question:* Est-ce que nous **travaillons** beaucoup?

Oui, ...

| | |
|---|---|
| Jacqueline | Oui, nous travaillons beaucoup! *Répétez!* |
| | Oui, nous travaillons beaucoup! |
| Jacques | ... *Ne répétez pas.* |

| | |
|---|---|
| M. Clément | ... Pierre, vous **venez,** oui ou non? |
| Pierre | Oui, oui, Monsieur. Je viens **tout de suite.** |
| M Clément | **Allons,** allons! **Au travail!** Au travail! |

| | |
|---|---|
| Jacques | *Répétez:* Pierre **prend** le papier. Il prend le papier. |
| | *Question:* Est-ce qu'il prend le téléphone? |
| Jacqueline | Non, il ne prend pas le téléphone. *Répétez.* |
| | Non, il ne prend pas le téléphone. |
| Jacques | *Question:* **Prend-il** la machine à écrire? |
| Jacqueline | Non, il ne prend pas la machine à écrire. |
| Jacques | Prend-il du papier? |
| Jacqueline | Oui, il prend du papier. |
| Jacques | Il prend du papier et un stylo pour écrire. |

**regarde** – watch, look at; am watching, am looking at. 1st-person singular of the verb **regarder** – to watch, to look at.

**regardez** – watch, look at; are watching, are looking at. 2nd-person singular polite and plural of the verb **regarder** – to watch, to look at.

**regardons** – watch, look at; are watching, are looking at. 1st-person plural of the verb **regarder.**

**écoutons** – listen, are listening. 1st-person plural of the verb **écouter** – to listen.

**parlons** – speak, are speaking. 1st-person plural of the verb **parler** – to speak.

**travaillons** – work, are working. 1st-person plural of the verb **travailler** – to work.

**venez** – come, are coming. 2nd-person singular polite and plural of the verb **venir** – to come.

**tout de suite** – right away, immediately. Notice how the **de** disappears in rapid speech.

**Allons!** – Let's go! 1st-person plural imperative of the verb **aller** – to go.

**Au travail!** – (Get) to work! **Travail** (work) is masculine.

**prend** – is taking, takes. 3rd-person singular of the verb **prendre** – to take.

**Prend-il ...?** – Is he taking ...? Does he take ...? Notice that the **d** is pronounced **t** before the vowel.

**Merci pour le papier.** – Thanks for the paper.

| Pierre | **Merci pour le papier.** |
|---|---|
| M. Clément | De rien. |

| Jacques | Maintenant, est-ce que Pierre a du papier? |
|---|---|
| Jacqueline | Oui, il a du papier. *Répétez.* |

**met** – is putting, is placing; puts, places. 3rd-person singular of the verb **mettre** – to put, to place.
**la table** – the table
**la chaise** – the chair

| Jacques | … Pierre **met** le papier sur **la table.** |
|---|---|
| | Est-ce qu'il met le papier sur **la chaise?** |
| Jacqueline | Non, il ne met pas le papier sur la chaise. *Répétez.* |
| | Non, il ne met pas le papier sur la chaise. |
| Jacques | Est-ce qu'il met le papier dans la machine? |
| Jacqueline | Non, il ne met pas le papier dans la machine. |
| Jacques | Est-ce qu'il met le papier dans l'ordinateur? |
| Jacqueline | Non, il ne met pas le papier dans l'ordinateur. |

**Met-il …?** – Is he putting …? Does he put …?

| Jacques | … *Question:* Où **met-il** le papier? |
|---|---|
| Jacqueline | Il met le papier sur la table. |
| Jacques | Oui, exactement! *Répétez:* Il prend le papier |
| | et il met le papier sur la table. |
| Jacqueline | Il prend le papier et il met le papier sur la table. |
| Jacques | *Écoutez. Ne répétez pas.* |

| Pierre | … Marie, s'il vous plaît, quelle heure est-il? |
|---|---|

|  | Je n'ai pas **ma** montre et **l'horloge du bureau** est **arrêtée.** |
| Marie | Elle est arrêtée? Ah! Oui, **tiens**, c'est vrai! L'horloge est arrêtée! |
| Pierre | **Quelle heure avez-vous?** |
| Marie | Moi, j'ai … onze heures … cinquante minutes. |
| Pierre | **Midi moins dix?** Mais alors, **dans dix minutes,** il est midi! Et **on arrête** de travailler à midi, n'est-ce pas? |
| Marie | Oui, on arrête dans dix minutes, mais pour une heure seulement parce que j'ai vraiment … beaucoup, beaucoup de travail. |
| Pierre | Oui, je sais. Aujourd'hui, ce n'est pas samedi! Aujourd'hui, on travaille aussi **l'après-midi!** |

| Jacques | Aujourd'hui, Marie travaille, Pierre travaille, |
|  | M. Clément travaille et M. Duval aussi! |
|  | **Tout le monde** travaille. |
|  | *Répétez:* aujourd'hui … tout le monde … |
|  | Aujourd'hui, tout le monde travaille! |
|  | *Question:* Vous aussi, vous travaillez avec la cassette? |
|  | Oui, moi aussi, je travaille … |
| Jacqueline | Oui, moi aussi, je travaille avec la cassette. *Répétez.* |
|  | Oui, moi aussi, je travaille avec la cassette. |
| Jacques | *Question:* **Travaillez-vous** avec la **première,** la **deuxième** ou la **troisième** cassette? Je travaille … |

**ma** – my. 1st-person singular possessive adjective. Use **ma** before all feminine singular nouns unless they start with a vowel or **h;** otherwise, use **mon.**

**l'horloge du bureau** – the office clock. Literally: the clock of the office.

**arrêtée** – stopped (feminine)

**Tiens.** – Expression of surprise. Literally: Hold.

**Quelle heure avez-vous?** – What time do you have?

**midi moins dix** – ten (minutes) till noon. **Moins** means less, minus. **Midi** (noon) is masculine.

**dans dix minutes** – in ten minutes

**on** – we (colloquial). Notice that **on** takes the 3rd-person singular verb form.

**arrête** – stop. 3rd-person singular of the verb **arrêter** – to stop.

**l'après-midi** – the afternoon (masculine)

**tout le monde** – everyone, everybody. Literally: all the world. Notice that **tout le monde** (like **on**) is singular.

**Travaillez-vous?** – Are you working? Do you work?

**première** – first (feminine)

**deuxième** – second (masculine and feminine)

**troisième** – third (masculine and feminine)

| | |
|---|---|
| Jacqueline | Je travaille avec la troisième cassette. *Répétez.* |
| | Je travaille avec la troisième cassette. |
| Jacques | *Écoutez:. Ne répétez pas.* |

| | |
|---|---|
| Marie | … **Quel travail!** Ah! Aujourd'hui, ce n'est pas dimanche! |
| Pierre | Ah! **Non, alors!** Ce n'est pas dimanche! |

| | |
|---|---|
| Jacques | Ce n'est pas dimanche. C'est **un jour de semaine.** |
| | **Le lundi** est un jour de semaine. |
| | *Continuez à répéter:* |
| | **Le mardi** est un jour de semaine. |
| | **Le mercredi** est aussi un jour de semaine. |
| | *Répétez:* lundi, mardi, mercredi, … |
| | **jeudi, vendredi,** … samedi, dimanche. |
| | Lundi, mardi, mercredi, jeudi, vendredi, |
| | samedi, dimanche. C'est **une semaine.** |
| | La semaine **commence** le lundi. … Au revoir! |

**Quel travail!** – What (a lot of) work!
**Quel** means what? which? It agrees with **travail** (masculine).
**Non, alors!** – No, definitely not! Literally: No, then!
**un jour de semaine** – a weekday. Literally: a day of the week.
**le lundi** – Monday
**Continuez à …** – Continue to … Keep on … Polite imperative of the verb **continuer** (to continue), which takes **à** before a following verb.
**le mardi** – Tuesday
**le mercredi** – Wednesday
**le jeudi** – Thursday
**le vendredi** – Friday

**une semaine** – a week, one week
**commence** – begins, starts. 3rd-person singular of the verb **commencer** – to begin, to start.

•••

FIN DE LA **SCÈNE 14**

# Exercise 14

**1.** The familiar **tu** form (for family, intimate friends, informal acquaintances):

| | | Special **tu** forms: | |
|---|---|---|---|
| **parler** (and most verbs ending in **-er**) | tu parle<u>s</u> | **aller** | tu vas |
| | | **avoir** | tu as |
| **répondre** (and most verbs ending in **-re**) | tu répond<u>s</u> | **écrire** | tu écris |
| | | **être** | tu es |
| **finir** (and most verbs ending in **-ir**) | tu fini<u>s</u> | **faire** | tu fais |
| | | **lire** | tu lis |
| | | **savoir** | tu sais |
| | | **venir** | tu viens |
| | | **voir** | tu vois |

**2.** Rewrite these sentences with the familiar **tu:**

**a.** Vous jouez bien au tennis.

**b.** Vous regardez la télévision.

**c.** Vous ne finissez pas la cassette.

**d.** Vous avez des disques?

**e.** Vous n'êtes pas au bureau.

**f.** Vous allez en France.

**3.** Study these verbs:

| **prendre** | **mettre** |
|---|---|
| je prend<u>s</u> | je met<u>s</u> |
| tu prend<u>s</u> | tu met<u>s</u> |
| il prend | il met |
| elle prend | elle met |
| on prend | on met |
| nous pren<u>ons</u> | nous met<u>t</u><u>ons</u> |
| vous pren<u>ez</u> | vous mett<u>ez</u> |
| ils prenn<u>ent</u> | ils mett<u>ent</u> |
| elles prenn<u>ent</u> | elles mett<u>ent</u> |

**4.** Est-ce que vous mettez des disques le week-end?

# Exercise 14

**5.** Est-ce que vous prenez le téléphone le week-end?

**6.** Pronominal verbs:

| **se reposer** | **s'appeler** |
|---|---|
| je me repose | je m'appelle |
| tu te reposes | tu t'appelles |
| il se repose | il s'appelle |
| elle se repose | elle s'appelle |
| on se repose | on s'appelle |
| nous nous reposons | nous nous appelons |
| vous vous reposez | vous vous appelez |
| ils se reposent | ils s'appellent |
| elles se reposent | elles s'appellent |

Examples: Le dimanche, je me repose.     Ils s'appellent M. et Mme Duval.

Negative: Le lundi, je ne me repose pas.     Ils ne s'appellent pas M. et Mme Dupont.

Some other pronominal verbs: **s'arrêter, se changer, se demander** (to ask oneself), **s'interrompre** (to interrupt oneself), **s'occuper** (to occupy oneself), **se regarder, se voir.**

**7.** Conjugate two or three pronominal verbs orally.

# SCÈNE 15

**SAVEZ-VOUS MON ADRESSE?**     **Do You Know My Address?**

| | |
|---|---|
| Jacques | *… Ne répétez pas.* |
| Pierre | … Lundi, mardi, mercredi, jeudi, vendredi, samedi et dimanche. 1, 2, 3, 4, 5, 6, 7. **Il y a** sept **jours.** |
| Jacques | *Répétez:* Il y a … Il y a sept jours dans une semaine. *Ne répétez pas.* |

**il y a …** – there are … (+ plural noun), there is … ( + singular noun)
**jours** – days (masculine)

**ni ... ni ...** – neither ... nor ... This expression requires the negative word **ne** before the verb. **Pas** is omitted. Like **pas, ni ... ni** follows the verb.

**le samedi matin** – (on) Saturday morning. **Le matin** means the morning.

**le samedi après-midi** – (on) Saturday afternoon

**terminez** – finish, complete. 2nd-person singular polite and plural of the verb **terminer** – to finish, to complete.

**à midi** – at noon

**heureusement** – happily, luckily

**termine** – finish, complete. 1st-person singular of the verb **terminer.**

| Pierre | Mais vous ne travaillez pas les sept jours de la semaine! Le week-end, vous ne travaillez pas. Vous ne travaillez **ni** le samedi **ni** le dimanche. |
| Marie | Je ne travaille pas le dimanche, c'est vrai; mais je travaille **le samedi matin!** |
| Pierre | Vous travaillez le samedi? |
| Marie | Le matin seulement. Je travaille le samedi matin mais ... je ne travaille pas **le samedi après-midi.** |
| Pierre | Alors, le samedi, vous **terminez à midi.** |
| Marie | Oui, **heureusement,** le samedi je **termine** à midi. |

| Jacques | ... *Répétez:* le matin, l'après-midi. |
| | *Question:* Est-ce que Marie va au bureau le samedi matin? |
| Jacqueline | Oui, elle va au bureau le samedi matin. *Répétez.* |
| | Oui, elle va au bureau le samedi matin. |
| Jacques | *Question:* Va-t-elle au bureau le dimanche après-midi? |
| Jacqueline | Non, elle ne va pas au bureau le dimanche après-midi. |

**Ce n'est pas dimanche.** – It's not Sunday.

| Jacques | Mais aujourd'hui, **ce n'est pas dimanche.** Tout le monde travaille. ... *Écoutez. Ne répétez pas.* |

**le numéro de téléphone** – the telephone number

| M. Duval | Marie! Venez ici, s'il vous plaît. ... Je n'ai pas **le numéro de téléphone** de M. Johnson. |
| Marie | Le numéro de téléphone de M. Johnson ... C'est... 410-18-23. |
| M. Duval | 410-18-23. Merci. |

| Jacques | 410-18-23, |
|---|---|
| | est-ce que c'est votre numéro de téléphone? |
| Jacqueline | Non, ce n'est pas mon numéro de téléphone. |
| | C'est le numéro de téléphone de M. Johnson. |

---

| Marie | Son numéro de téléphone est 410-18-23. |
|---|---|
| M. Duval | Et son adresse? |
| Marie | **L'adresse** de M. Johnson? |
| M. Duval | Oui, **quelle est son adresse?** |
| Marie | Son adresse est sur **l'enveloppe!** |
| M. Duval | Ah! Oui, la voilà. M. William Johnson, **34, boulevard Pasteur,** à Paris. |

**l'adresse** – the address (feminine)
**Quelle est son adresse?** – What's his address? Remember that **son** is used before a feminine noun that begins with a vowel or silent **h.**
**l'enveloppe** – the envelope (feminine)
**34, boulevard Pasteur** – 34 Pasteur Boulevard. Notice the style for French street addresses. A comma is used after the number (as in Britain), and the particular street name appears last. The general type of street (**boulevard, avenue,** etc.) appears first and is not capitalized.

---

| Jacques | *Question:* C'est votre adresse? |
|---|---|
| Jacqueline | Non, ce n'est pas mon adresse. *Répétez.* |
| | Non, ce n'est pas mon adresse. |
| Jacques | *Répétez:* une adresse. |
| | *Écoutez* encore. *Ne répétez pas.* |

---

| Marie | Nous avons son adresse à Paris et … nous avons son numéro de téléphone à Paris, … mais maintenant, M. Johnson n'est pas à Paris! Il est **en voyage.** Il est en **Suisse,** à **Genève.** Et … nous n'avons pas son adresse à Genève! |
|---|---|
| M. Duval | Ah! **Quelle catastrophe!** |

**en voyage** – on a trip, on a journey, travelling
**la Suisse** – Switzerland
**Genève** – Geneva. Remember that **à** is used for in (city) and **en** is used for in (country) (all feminine countries and the masculine ones beginning with a vowel or silent **h**).
**Quelle catastrophe!** – What a catastrophe! What a disaster!
**Catastrophe** is feminine.

---

| Jacques | *Question:* Savez-vous l'adresse de M. Johnson |
|---|---|
| | à Genève? |

| | |
|---|---|
| Jacqueline | Non, je ne sais pas l'adresse de M. Johnson à Genève. |
| Jacques | Savez-vous le numéro de téléphone de M. Clément? |
| Jacqueline | Non, je ne sais pas son numéro de téléphone. |
| Jacques | Mais vous savez votre numéro de téléphone, n'est-ce pas? |
| Jacqueline | Oui, je sais mon numéro de téléphone! |
| Jacques | *Question:* … Quel est votre numéro de téléphone? … Ah! Vous **répondez** très bien. *Répondez* aussi à cette question: Quelle est votre adresse? … Ah! Bon. *Écoutez* Pierre: |

**répondez** – reply, answer. 2nd-person singular polite and plural of the verb **répondre** – to reply, to answer.

| | |
|---|---|
| Pierre | Monsieur, on arrête de travailler? |
| M. Clément | C'est **déjà** l'heure? |
| Pierre | Oui! |
| M. Clément | Alors, d'accord, **arrêtons!** |

**déjà** – already

**Arrêtons!** – Let's stop! 1st-person imperative of the verb **arrêter** – to stop.

| | |
|---|---|
| Jacques | … *Ne répétez pas.* |

| | |
|---|---|
| Marie | Ah! Ce téléphone! Ce téléphone! … Allô? |
| Pierre | Allô, Marie? |
| Marie | Pierre? |
| Pierre | Oui, c'est moi! Bonjour! Vous êtes … occupée? |

| | |
|---|---|
| Marie | Non, non, ça va. |
| Pierre | Qu'est-ce que vous faites **ce soir?** |
| Marie | Ce soir, **j'ai rendez-vous** avec Michel. |
| Pierre | Avec qui? |
| Marie | Avec Michel. … |
| Pierre | Michel? Qui est Michel? |
| Marie | **Vous ne connaissez pas** Michel? |
| Pierre | Non, **je ne connais pas** Michel. |
| | C'est un homme ou une femme? |
| Marie | Un homme: M-i-c-h-e-l. "Michèle" avec un "e" à la fin est **un prénom de femme.** |
| Pierre | Et **qui c'est**, ce … Michel? |
| Marie | C'est **un ami.** |
| Pierre | **Un bon ami?** |
| Marie | Oui, un bon ami. Très **sympathique!** |
| Pierre | Oh-oh! |

| | |
|---|---|
| Jacques | *Question:* **L'ami de Marie,** est-ce que c'est un homme ou une femme? |
| Jacqueline | C'est un homme. |
| Jacques | Comment s'appelle-t-il? |
| Jacqueline | Il s'appelle Michel. … |
| Jacques | *Répétez:* Marie a rendez-vous avec Michel ce soir. |
| Jacqueline | Marie a rendez-vous avec Michel ce soir. |
| Jacques | Est-ce que vous savez à quelle heure elle a rendez-vous? |
| Jacqueline | Non, je ne sais pas à quelle heure. |

**ce soir** – tonight. Literally: this night.

**J'ai rendez-vous.** – I have a date, an appointment. **Rendez-vous** is masculine.

**Vous ne connaissez pas …?** – Don't you know …? Haven't you met …? 2nd-person singular polite and plural of the verb **connaître** – to know, to be acquainted with (someone or something). **Connaître** differs from **savoir,** which describes factual or learned knowledge.

**Je ne connais pas.** – I don't know … I haven't met … 1st-person singular of **connaître.**

**un prénom de femme** – a woman's (first) name.

**Qui c'est …?** – Who is it …? Casual form of **Qui est-ce …?**

**un ami** – a friend (masculine)

**un bon ami** – a good friend, a close friend

**sympathique** – likable, attractive, genial (masculine and feminine). Often shortened to **sympa** in casual speech.

**l'ami de Marie** – Marie's friend. You've already seen the combination **de** + noun to describe possession.

**dit** – says, tells; is saying, is telling. 3rd-person singular of the verb **dire** – to say, to tell.

**qu'** – that. Contraction of the relative pronoun **que,** used here to report what Marie says. **Elle dit que ...** – She says that ...

**ont** – have. 3rd-person plural of the verb **avoir** – to have.
**ils** – they (masculine or combined masculine and feminine subjects, such as **Marie et Michel**)

Let's review some forms of the verb **avoir:**
**j'ai** – I have
**il a** – he has
**elle a** – she has
**on a** – everyone has, people have, we have
**vous avez** – you have
**ils ont** – they have

| | |
|---|---|
| Jacques | *Écoutez* Marie. Elle **dit** à quelle heure elle a rendez-vous. |
| Marie | … À huit heures. |
| Jacques | *Répétez:* Elle dit: "À huit heures." |
| | Elle dit **qu'**elle a rendez-vous à huit heures. |
| | Est-ce qu'elle dit avec qui? |
| Jacqueline | Oui, elle dit avec qui. C'est avec Michel. *Répétez.* |
| | Oui, elle dit avec qui. C'est avec Michel. … |
| Jacques | Marie et Michel **ont** rendez-vous. |
| | Est-ce qu'**ils** ont rendez-vous le matin ou le soir? |
| Jacqueline | Ils ont rendez-vous le soir. |
| Jacques | À quelle heure? |
| Jacqueline | À huit heures. |
| Jacques | *Répétez:* Pas le matin, pas l'après-midi mais le soir. |
| | Ce soir, à huit heures. |

•••

# FIN DE LA **SCÈNE 15**

# Exercise 15

**1.** The days of the week: **lundi, mardi, mercredi, jeudi, vendredi, samedi, dimanche**

**2.** **Il y a:**

Il y a sept jours dans la semaine.

Il n'y a pas huit jours dans la semaine.

Y a-t-il sept jours dans la semaine?

Est-ce qu'il y a sept jours dans la semaine?

Il y a une secrétaire dans ce bureau.

Il n'y a pas de secretaire dans ce bureau.

Y a-t-il une secrétaire dans ce bureau?

Est-ce qu'il y a une secrétaire dans ce bureau?

**3.** Write the answers:

**a.** Est-ce qu'il y a trente jours dans le mois de décembre *(the month of December)*?

**b.** Combien de jours y a-t-il dans le mois de décembre?

**c.** Est-ce qu'il y a cinquante lettres dans l'alphabet?

**d.** Combien de lettres y a-t-il dans l'alphabet?

**e.** Combien de questions y a-t-il dans cet exercice?

**4.** Study the irregular verb **connaître:**

| | | |
|---|---|---|
| je connais | je ne connais pas | est-ce que je connais? |
| tu connais | tu ne connais pas | connais-tu? |
| il connaît | il ne connaît pas | connaît-il? |
| elle connaît | elle ne connaît pas | connaît-elle? |
| on connaît | on ne connaît pas | connaît-on? |
| nous connaissons | nous ne connaissons pas | connaissons-nous? |
| vous connaissez | vous ne connaissez pas | connaissez-vous? |
| ils connaissent | ils ne connaissent pas | connaissent-ils? |
| elles connaissent | elles ne connaissent pas | connaissent-elles? |

# Exercice 15

**5.** Review the difference between the verbs **savoir** and **connaître:**

**savoir** = *to know a fact or how to do something*　　**connaître** = *to be familiar with a person, place, etc.*

Je sais son nom.　　Je connais Michel.

| | |
|---|---|
| son adresse | sa maison |
| son numéro de téléphone | sa voix *(voice)* |
| où est Paris | Paris *(I've been there; I know about)* |
| chanter en italien | cette chanson *(song)* italienne |
| conduire *(to drive)* | cette voiture |

**6.** Complete these sentences with **savoir** or **connaître:**

**a.** Nous _____ le professeur de Pierre mais nous ne _____ pas son numéro de téléphone.

**b.** Est-ce que Jacques et Jacqueline _____ Pierre?

**c.** Ils ne _____ pas parler anglais.

**d.** Je _____ à quelle heure elle a rendez-vous.

**e.** _____-il le nom du restaurant?

**f.** _____-vous ce restaurant?

**CORRECTION.**

**3.** **a.** Non, il n'y a pas trente jours le mois de décembre.
**b.** Il y a trente et un jours dans le mois de décembre.
**c.** Non, il n'y a pas cinquante lettres dans l'alphabet.
**d.** Il y a vingt-six lettres dans l'alphabet.
**e.** Il y a cinq questions dans cet exercice.

**6.** **a.** Nous connaissons le professeur de Pierre mais nous ne savons pas son numéro de téléphone.
**b.** Est-ce que Jacques et Jacqueline connaissent Pierre?
**c.** Ils ne savent pas parler anglais.
**d.** Je sais à quelle heure elle a rendez-vous.
**e.** Sait-il le nom du restaurant?
**f.** Connaissez-vous ce restaurant?

# SCÈNE 16

**ALLONS CHEZ LE DISQUAIRE!**

**Let's Go to the Record Seller!**

| Jacques | *Écoutez* cette conversation **entre Pierre et Marie.** *Ne répétez pas.* |
|---|---|

| Marie | Pierre, vous savez **ce que fait** mon ami Michel? |
|---|---|
| Pierre | Non. Qu'est-ce qu'il fait? |
| Marie | Il n'est pas secrétaire **comme** moi, vous savez! |
| Pierre | Qu'est-ce qu'il fait? |
| Marie | Il n'est pas professeur comme M. Clément! |
| Pierre | Alors qu'est-ce qu'il fait? |
| Marie | Il n'est pas directeur dans un bureau comme M. Duval! |

**entre Pierre et Marie** – between Pierre and Marie

**ce que fait** – what he does, that which he does. 3rd-person singular of the verb **faire** – to make, to do (here, to do for a living).
**comme** – like

**une boutique** – a boutique, a specialty shop

**de quoi?** – of what (sort of merchandise)?

**un magasin de disques** – a record store, a record shop

**C'est son magasin.** – It's his store. He's the owner.

**pendant toute la journée** – all day long. **Pendant** by itself means during. **Toute** – all (feminine singular).

| | |
|---|---|
| Pierre | Mais enfin qu'est-ce qu'il fait, votre Michel? |
| Marie | Il a **une boutique.** |
| Pierre | Une boutique **de quoi?** |
| Marie | Une boutique de disques. … |
| Pierre | Il a **un magasin de disques?** |
| Marie | Oui, il travaille dans un magasin de disques. **C'est son magasin.** |
| Pierre | Et il écoute des disques **pendant toute la journée?** C'est formidable! |

| | |
|---|---|
| Jacques | *Question:* Où travaille Michel? |
| Jacqueline | Il travaille dans un magasin de disques. |

**un disquaire** – a record seller

**beau** – beautiful, fine, handsome (masculine)

**dans l'avenue** – on the avenue

**une bonne adresse** – a good address, a prestigious location

| | |
|---|---|
| Marie | … Michel est **disquaire.** Il a un **beau** magasin à Paris. |
| Pierre | Où? |
| Marie | **Dans l'avenue** des Champs-Élysées. |
| Pierre | … C'est **une bonne adresse!** |

| | |
|---|---|
| Jacques | *Question:* Le magasin de Michel est-il à Paris ou à Marseille? |
| Jacqueline | Il est à Paris. |
| Jacques | Est-il dans l'avenue des Champs-Élysées ou dans **la rue** de Rivoli? |
| Jacqueline | Il est dans l'avenue des Champs-Élysées. |
| Jacques | *Question:* Cette avenue est-elle à Paris ou Bordeaux? |
| Jacqueline | Cette avenue est à Paris. Elle est à Paris. |

**la rue** – the street. **La rue de Rivoli** would be Rivoli Street in English.

| Pierre | Alors … Michel a … un magasin … **sur les Champs-Élysées.** Formidable! |
|---|---|

**sur les Champs-Élysées** – on the Champs-Élysées

| Jacques | … Est-ce un magasin de bicyclettes ou un magasin de disques? |
|---|---|
| Jacqueline | C'est un magasin de disques. |
| Jacques | Oui! Michel **vend** des disques. *Répétez.* |

**vend** – sells, is selling. 3rd-person singular of the verb **vendre** – to sell.

| Jacqueline | Michel vend des disques. |
|---|---|
| Jacques | *Écoutez. Ne répétez pas.* … Nous sommes dans le magasin de disques de Michel. |

| Michel | … Bonjour, Madame. |
|---|---|
| Une cliente | Je **voudrais** … **trois disques de musique classique,** s'il vous plaît. |
| Michel | Bien, Madame. **Lesquels?** |
| La cliente | Je voudrais: **la Symphonie fantastique** de Berlioz, **le Concerto numéro 2** pour piano et **orchestre** de Chopin et **le Quintette** pour **clarinette** de Mozart. |
| Michel | … Très bien, Madame. **Par ici,** s'il vous plaît. **Tous** les disques classiques sont ici, dans cette **section** du magasin. |
| La cliente | Merci. |

**voudrais** – would like (polite). 1st-person singular conditional of the verb **vouloir** – to want, to wish.
**trois disques de musique classique** – three classical music records
**Lesquels?** – Which ones? Masculine pronoun; agrees with **disques.**
**la Symphonie fantastique** – a work by Berlioz
**le Concerto numéro 2** – Chopin's Concerto Number 2
**l'orchestre** – the orchestra (masculine)
**le Quintette** – a quintet by Mozart
**la clarinette** – the clarinet
**par ici** – this way, in this direction
**tous** – all, every (masculine plural)
**la section** – the section

| Jacques | … Est-ce que Michel vend des disques classiques? |
|---|---|
| Jacqueline | Oui, il vend des disques classiques. |
| Jacques | … *Question:* Michel **vend-il** des bicyclettes? |

**Vend-il?** – Does he sell? Is he selling? Notice that the **d** is pronounced **t** before the vowel.

| | |
|---|---|
| Jacqueline | Non, il ne vend pas de bicyclettes. |
| Jacques | ... *Question:* Michel vend-il des montres ... et des horloges? |
| Jacqueline | Non, il ne vend pas de montres et d'horloges. |
| Jacques | ... Qu'est-ce qu'il vend? **Que vend-il?** |
| Jacqueline | Il vend des disques. |
| Jacques | ... Mais il vend aussi des cassettes? |
| Jacqueline | Oui, il vend aussi des cassettes. |
| Jacques | *Écoutez. Ne répétez pas.* |

**Que vend-il?** – What does he sell? What is he selling? This is another way to ask **Qu'est-ce qu'il vend?**

---

| La cliente | ... **Ça fait combien,** les trois disques? |
| Michel | Ça fait ... **cent vingt** francs, Madame. ... |

**Ça fait combien?** – How much is that? How much does that make?
**cent vingt** – a hundred and twenty
**une cliente** – a client, a customer (feminine)
**un client** – a client, a customer (masculine)

| | |
|---|---|
| Jacques | Michel vend trois disques à **une cliente.** |
| | *Répétez:* **un client,** une cliente. |
| | Michel vend les disques et la cliente **achète** les disques. ... |
| | *Répétez:* Elle achète les disques. |
| | ... *Question:* Est-ce qu'elle achète des disques de musique classique ou des disques de musique **moderne?** |
| Jacqueline | Elle achète des disques de musique classique. |

**achète** – buys, is buying. 3rd-person singular of the verb **acheter** – to buy.

**moderne** – modern (masculine and feminine)

| Jacques | ... Qui vend les disques? |
|---|---|
| Jacqueline | C'est Michel qui vend les disques. |
| Jacques | ... Qui achète les disques, un client ou une cliente? |
| Jacqueline | C'est une cliente qui achète les disques. |
| | C'est une cliente qui achète les disques. |

| La cliente | Merci. |
|---|---|

| Jacques | *Question:* Cette cliente, ... c'est Marie? |
|---|---|
| Jacqueline | Non, cette cliente n'est pas Marie. |

| Une autre cliente | S'il vous plaît, Monsieur! Je **voudrais écouter** un disque. **C'est possible?** |
|---|---|
| Michel | Mais oui, Mademoiselle. Venez par ici, s'il vous plaît. Quel disque **voudriez-vous** écouter? |
| La cliente | Un disque de **jazz.** ... |
| Michel | **Lequel?** |
| La cliente | **Celui-ci.** |
| Un client | S'il vous plaît, Monsieur! C'est combien, cette cassette? |
| Michel | **Soixante-dix** francs, Monsieur. ... |

**voudrais écouter** – would like to listen (to). 1st-person singular conditional of the verb **vouloir** – to want, to wish. Notice that **vouloir** + verb (infinitive) means to want to (do something). You've already seen **vouloir** + noun – to want (something).

**C'est possible?** – Is it possible? This is a way of asking May I...?

**Voudriez-vous ...?** – Would you like to ...? 2nd-person singular polite and plural conditional of the verb **vouloir** – to want, to wish.

**le jazz** – jazz

**Lequel?** – Which one? Masculine singular pronoun; agrees with **disque.**

**celui-ci** – this one (masculine)

**soixante-dix** – seventy. Literally: sixty (and) ten.

| Jacques | *Question:* Nous sommes dans la rue ou dans le magasin de Michel? Nous sommes ... |
|---|---|
| Jacqueline | Nous sommes dans le magasin de Michel. |
| | Nous sommes dans le magasin de Michel. |

|  |  |
|---|---|
| Jacques | *Écoutez. Ne répétez pas.* … |
|  | Marie n'est pas dans le magasin. |
|  | Elle est dans la rue … et elle va au magasin. … |
|  | Elle **arrive** au magasin à huit heures. |
|  | *Répétez:* Marie arrive au magasin. … |
|  | Elle **ouvre** la porte. Elle ouvre la porte du magasin. |
|  | *Question:* Est-ce qu'elle ouvre la porte ou la fenêtre? |
| Jacqueline | Elle ouvre la porte. … |
| Jacques | Est-ce qu'elle ouvre la porte du bureau ou la porte du magasin? |
| Jacqueline | Elle ouvre la porte du magasin. … |
| Jacques | Est-ce que Marie **entre** dans le magasin? |
| Jacqueline | Oui, elle entre dans le magasin. |

**arrive** – arrives, is arriving. 3rd-person singular of the verb **arriver** – to arrive.

**ouvre** – opens, is opening. 3rd-person singular of the verb **ouvrir** – to open.

**entre** – enters, is entering. 3rd-person singular of the verb **entrer** – to enter.

| Michel | … Marie! |
|---|---|
| Marie | Michel! … |

•••

FIN DE LA **SCÈNE 16**

# Exercise 16

**1.** The demonstrative adjectives:

| Masculine | Feminine | Plural (Masculine and/or Feminine) |
|-----------|----------|-------------------------------------|
| **ce, cet** | **cette** | **ces** |

Le disque, la cassette et les papiers sont sur la table.
Ce disque, cette cassette et ces papiers sont sur cette table.

**2.** Fill in the missing demonstrative adjectives:

**a.** _____ boutique          **f.** _____ bureau

**b.** _____ magasin          **g.** _____ ordinateur

**c.** _____ adresse          **h.** _____ lettre

**d.** _____ rues             **i.** _____ stylos

**e.** _____ horloges         **j.** _____ travail

**3.** Study these verbs. Notice that the verb **acheter** has an accent mark added to all but the **nous** and **vous** forms.

| **acheter** | **vouloir** | **dire** |
|-------------|-------------|----------|
| j'achète | je veux | je dis |
| tu achètes | tu veux | tu dis |
| il achète | il veut | il dit |
| elle achète | elle veut | elle dit |
| on achète | on veut | on dit |
| nous achetons | nous voulons | nous disons |
| vous achetez | vous voulez | vous dites |
| ils achètent | ils veulent | ils disent |
| elles achètent | elles veulent | elles disent |

# Exercise 16

**4.** Voulez-vous acheter un disque français?

**5.** Où est-ce que vous achetez vos disques et cassettes?

**6.** Est-ce que Marie dit ce que fait Michel?

# SCÈNE 17

**ALLONS AU CINÉMA!**

Let's Go to the Movies!

| | |
|---|---|
| Marie | ... Michel! |
| Michel | Bonsoir, Marie! ... C'est bien! Vous êtes **à l'heure!** |
| Marie | ... Oui, je suis ... très **ponctuelle.** |
| Michel | **Comment allez-vous?** |
| Marie | **Très bien, merci.** Et vous, Michel? Comment allez-vous? |
| Michel | Bien, ... mais ... je travaille trop! |
| Marie | Vous êtes comme Pierre! Lui aussi, **il dit qu'il travaille trop!** |

| | |
|---|---|
| Jacques | *Répétez:* Comment allez-vous? |

à l'heure – on time
ponctuelle – punctual (feminine)
Comment allez-vous? – How are you?
Literally: How are you going?
Très bien, merci. – Very well, thank you.
Fine, thank you.

Il dit qu'il travaille trop. – He says that he works too much. You've already seen the expression dire que to report what someone has said.

**Je vais bien.** – I'm well. I'm fine. Literally: I'm going well.

**beaucoup de monde** – a lot of people, many people. Literally: a lot of the world.
**personnes** – people, persons (feminine, even for a group of men and women)

**les cafés** – the cafés (masculine)
**les bars** – the bars (masculine)
**les restaurants** – the restaurants (masculine)
**le parc** – the park
**les hôtels** – the hotels (masculine). The **h-** is silent: **l'hôtel.**
**les grands magasins** – the department stores, the big stores. Notice that **grands** agrees with **magasins** (masculine plural).
**du monde** – people, passersby
**partout** – everywhere
**des agents de police** – police officers (masculine)
**peu de** – few

**trop de** – too many

| Jacqueline | Bien, merci. Et vous? |
|---|---|
| Jacques | **Je vais bien,** merci. *Ne répétez pas.* |

| Michel | … Je vais bien … mais c'est vrai, Marie, je travaille trop. |
| Marie | Oui, il y a **beaucoup de monde** dans votre magasin ce soir! Il y a vingt ou trente **personnes,** ici. |

| Jacques | *Répétez:* Il y a … beaucoup de monde! |

*Ne répétez pas.*

| Michel | … Il y a beaucoup de monde, ce soir. |
| Marie | Sur les Champs-Élysées aussi, il y a beaucoup, beaucoup de monde ce soir. …Dans **les cafés,** dans **les bars,** dans **les restaurants,** dans **le parc** des Champs-Élysées, devant **les hôtels,** devant les boutiques, devant **les grands magasins** … Il y a **du monde partout!** Et … il y a beaucoup de voitures dans les rues … et **des agents de police** partout. … |

| Jacques | … Est-ce qu'il y a beaucoup de monde ou **peu de** monde? |
| Jacqueline | Il y a beaucoup de monde. |
| Jacques | … Dans ce magasin, il y a **trop de** monde. |

*Ne répétez pas.*

| | |
|---|---|
| Michel | ... **Vous venez du travail?** |
| Marie | Mais non, Michel, je viens de chez moi. **Vous savez bien que ...** je ne travaille pas le samedi après-midi. |
| Michel | Ah, oui! Bon! Eh bien maintenant, **c'est l'heure de** fermer le magasin. Nous **fermons.** Nous fermons! ... Ah! Enfin! |

| | |
|---|---|
| Jacques | Maintenant, le magasin est **fermé.** |

| | |
|---|---|
| Un homme | ... Je voudrais acheter un disque! Le magasin est **ouvert?** |
| Michel | Non, Monsieur. Le magasin n'est pas ouvert. C'est trop tard. Le magasin est fermé. |
| L'homme | ... Fermé? |
| Michel | Oui, Monsieur. C'est fermé. |

| | |
|---|---|
| Jacques | C'est fermé. *Ne répétez pas.* |
| | Maintenant, le magasin de disques est fermé. ... |
| | Michel va au **cinéma** avec Marie. |

| | |
|---|---|
| Marie | ... **À quel cinéma allons-nous?** |
| Michel | Nous **allons** au cinéma des Champs-Élysées? Il y a un bon film. |
| Marie | D'accord! ... |

| | |
|---|---|
| Jacques | Michel et Marie **vont** au cinéma. Ils vont au cinéma. |
| | *Question:* Ils ne vont pas au bureau? |
| | Non, ils ne vont pas ... |
| Jacqueline | Non, ils ne vont pas au bureau. *Répétez.* |

**Vous venez du travail?** – Have you just come from work?

**Vous savez bien que ...** – You well know that ...

**C'est l'heure de ...** – It's time to ... (+ verb)

**fermons** – are closing, close. 1st-person plural of the verb **fermer** – to close.

**fermé** – closed (masculine). Past participle of the verb **fermer** – to close.

**ouvert** – open (masculine). Past participle of the verb **ouvrir** – to open.

**le cinéma** – the movie theater, the cinema

**À quel cinéma allons-nous?** – Which movie theater are we going to?

**allons** – are going, go. 1st-person plural of the verb **aller** – to go.

**vont** – are going, go. 3rd-person plural of the verb **aller** – to go.

|  |  | Non, ils ne vont pas au bureau. |
|---|---|---|
| **la bibliothèque** – the library. Notice that **th** is pronounced like **t.** The **h** is silent. | Jacques | … *Question:* Ils ne vont pas à **la bibliothèque?** |
|  |  | Non, ils ne vont pas … |
|  | Jacqueline | Non, ils ne vont pas à la bibliothèque. *Répétez.* |
|  |  | Non, ils ne vont pas à la bibliothèque. |
| **l'église** – the church (feminine) | Jacques | … Ils ne vont pas à **l'église?** |
|  | Jacqueline | Non, ils ne vont pas à l'église. |
|  | Jacques | Est-ce qu'ils vont à l'école? |
|  | Jacqueline | Non, ils ne vont pas à l'école. |
| **Vont-ils?** – Are they going? Do they go? 3rd-person plural of the verb **aller** – to go. | Jacques | *Question:* **Vont-ils** chez Pierre? |
|  | Jacqueline | Non, ils ne vont pas chez Pierre. |
| Let's review some forms of the verb **aller** – to go: | Jacques | … Où vont-ils? Au cinéma? |
| **je vais** – I go | Jacqueline | Oui, ils vont au cinéma. |
| **il va** – he goes | | |
| **elle va** – she goes | Jacques | Vont-ils au cinéma ensemble? |
| **on va** – everyone goes, we go | | |
| **nous allons** – we go | Jacqueline | Oui, ils vont au cinéma ensemble. |
| **vous allez** – you go | | |
| **ils vont** – they go (masculine) | Jacques | *Répétez:* Je vais, nous allons, vous allez, … |
| **elles vont** – they go (feminine) | | |
| **elles** – they (feminine only) | | il va, elle va, … ils vont, **elles** vont. |
| **où** – where (adverb). Notice that the verb immediately follows **où** in a question: | | … *Question:* Vont-ils au cinéma avec Pierre? |
| **Savez-vous où est Pierre?** – Do you know where Pierre is (literally: where is Pierre)? The subject immediately follows | Jacqueline | Non, ils ne vont pas au cinéma avec Pierre. |
| **où** in a statement: **Non, je ne sais pas où il est.** – No, I don't know where he is. | Jacques | … *Question:* Savez-vous **où** est Pierre? |
|  | Jacqueline | Non, je ne sais pas où il est. |

Non, je ne sais pas où il est.

Jacques      *Écoutez* encore Michel et Marie.

---

| | |
|---|---|
| Michel | … Nous allons au cinéma des Champs-Élysées. |
| Marie | **Quel film allons-nous voir?** |
| Michel | **Nous allons voir** un film américain. |
| Marie | Lequel? |
| Michel | *Aventure à New York.* D'accord? |
| Marie | Oh, oui! On dit que c'est très bien. |
| | Allons **prendre les billets!** |

---

Jacques      Est-ce que Michel et Marie vont

regarder la télévision?

Non, ils ne vont pas regarder …

Jacqueline      Non, ils ne vont pas regarder la télévision.

Jacques      … *Question:* Ils vont écouter la radio?

Non, ils ne vont pas écouter …

Jacqueline      Non, ils ne vont pas écouter la radio.

Jacques      … *Question:* **Vont-ils acheter** des disques?

Non, ils ne vont pas acheter …

Jacqueline      Non, ils ne vont pas acheter de disques.

Jacques      *Écoutez. Ne répétez pas.*

Michel et Marie vont **voir** *Aventure à New York,*

un film américain au cinéma des Champs-Élysées.

**Quel film allons-nous voir?** – Which film are we going to see?
**Nous allons voir …** – We're going to see … The expression **aller** + verb (infinitive) refers to the near future and means to be going to (do something).
**aventure** – adventure (feminine)
**prendre les billets** – to obtain tickets.
**Billet** is masculine.

**Vont-ils acheter?** – Are they going to buy?

**voir** – to see

**Bonne soirée!** – (Have a) good evening! This expression stresses the evening's activities, such as going out to a show or to visit friends. You might wish someone **Bonne soirée** before he or she goes out for the evening.

Alors, **bonne soirée,** Michel! Bonne soirée, Marie!

Jacqueline    Bonne soirée!

Jacques    Et à vous qui écoutez, au revoir!

Jacqueline    Au revoir, bonsoir ou bonne soirée!

•••

## FIN DE LA **SCÈNE 17**

# Exercise 17

**1.** Study the imperative forms below. Most verbs follow these patterns. Notice that the **tu** imperative of **-er** verbs has no **-s;** compare **tu parles** (present tense) and **Parle!** (imperative).

|  | **parler (-er)** | **répondre (-re)** | **finir (-ir)** |
|---|---|---|---|
| Tu: | Parl<u>e</u>! | Répond<u>s</u>! | Fini<u>s</u>! |
| Nous: | Parl<u>ons</u>! | Répond<u>ons</u>! | Fini<u>ssons</u>! |
| Vous: | Parl<u>ez</u>! | Répond<u>ez</u>! | Fini<u>ssez</u>! |

Examples:  S'il vous plaît, fermez la porte!
S'il te plaît *(familiar)*, réponds au professeur!
Vous et moi, finissons l'exercice!

**2.** Certain imperative forms do not follow the regular patterns above. Study these forms. Imperatives followed by "…" must be completed by an object.

|  | **avoir** | **être** | **aller** | **écrire** |
|---|---|---|---|---|
| Tu: | Aie …! | Sois …! | Va! | Écris! |
| Nous: | Ayons …! | Soyons …! | Allons! | Écrivons! |
| Vous: | Ayez …! | Soyez …! | Allez! | Écrivez! |

|  | **faire** | **lire** | **mettre** | **ouvrir** |
|---|---|---|---|---|
| Tu: | Fais …! | Lis! | Mets …! | Ouvre! |
| Nous: | Faisons …! | Lisons! | Mettons …! | Ouvrons! |
| Vous: | Faites …! | Lisez! | Mettez …! | Ouvrez! |

|  | **prendre** | **savoir** | **venir** | **voir** |
|---|---|---|---|---|
| Tu: | Prends! | Sache …! | Viens! | Vois! |
| Nous: | Prenons! | Sachons …! | Venons! | Voyons! |
| Vous: | Prenez! | Sachez …! | Venez! | Voyez! |

Examples:  Allons au cinéma!
Lisez le journal du dimanche matin!

# Exercise 17

**3.** Rewrite these sentences in the imperative:

    **a.** Tu prends les billets.

    **b.** Vous comptez votre argent.

    **c.** Nous parlons espagnol.

    **d.** Vous regardez un film anglais.

    **e.** Nous ouvrons la fenêtre.

    **f.** Tu vends la voiture.

    **g.** Vous arrêtez la musique.

    **h.** Nous écoutons une cassette française.

**CORRECTION.**

**3.**   **a.** Prends les billets!

    **b.** Comptez votre argent!

    **c.** Parlons espagnol!

    **d.** Regardez un film anglais!

    **e.** Ouvrons la fenêtre!

    **f.** Vends la voiture!

    **g.** Arrêtez la musique!

    **h.** Écoutons une cassette française!

# SCÈNE 18

**APRÈS LE WEEK-END**   After the Weekend

| | |
|---|---|
| Jacques | … C'est lundi matin et nous sommes au bureau. |

| | |
|---|---|
| Pierre | Marie, vous avez encore rendez-vous avec votre ami Michel ce soir? |
| Marie | Non, Pierre. Je n'ai pas rendez-vous avec Michel ce soir. |
| Pierre | **Pourquoi pas?** Michel n'est pas à Paris? Où est-il? |
| Marie | Pierre enfin! Vous êtes bien **curieux!** **Je ne veux pas** répondre à vos questions! |
| Pierre | Oh! Pardon, excusez-moi. |

Pourquoi pas? – Why not?

curieux – curious (masculine)
Je ne veux pas … – I don't want … 1st-person singular of the verb vouloir – to want, to wish.

**pose** – poses, asks (questions). 3rd-person singular of the verb **poser** – to pose, to ask (a question).

| Jacques | Pierre est trop curieux. *Répétez:* curieux. |
|---|---|
| | Pierre **pose** trop de questions, non? Oui, il pose … |
| Jacqueline | Oui, il pose trop de questions. |
| Jacques | Qui est-ce qui est curieux, Pierre ou Marie? |
| Jacqueline | C'est Pierre qui est curieux. |
| Jacques | *Ne répétez pas.* |

**l'Opéra** – the national opera of France (masculine)
**reste** – stay, remain. 1st-person singular of the verb **rester** – to stay, to remain.
**horrible** – horrible

| Marie | Vous êtes trop curieux, Pierre! Ce soir, je ne vais pas au cinéma, je ne vais pas au restaurant, je ne vais pas à **l'Opéra.** Je **reste** chez moi. |
|---|---|
| Pierre | Vous n'allez pas chez Michel? |
| Marie | Non, Pierre. Je reste chez moi. |
| Pierre | Avec Michel? |
| Marie | Pierre, vous êtes **horrible!** … |

| Jacques | *Répétez:* Je reste chez moi. |
|---|---|
| Jacqueline | Je reste chez moi. |

**reste** – stay, remain. 3rd-person singular of the verb **rester** – to stay, to remain.

| Jacques | *Question:* Ce soir, est-ce que Marie **reste** au bureau? |
|---|---|
| Jacqueline | Non, ce soir elle ne reste pas au bureau. *Répétez.* |
| | Non, ce soir elle ne reste pas au bureau. |

**Reste-t-elle?** – Is she staying? Does she stay?
**restons** – stay, remain; are staying, are remaining. 1st-person plural of the verb **rester.**
**restez** – stay, remain; are staying, are remaining. 2nd-person singular polite and plural of the verb **rester.**

| Jacques | *Question:* **Reste-t-elle** chez vous? |
|---|---|
| Jacqueline | Non, elle ne reste pas chez moi. |
| Jacques | Elle ne va pas au cinéma. Elle reste chez elle. |
| | Je reste, il reste, elle reste, on reste … |
| | nous **restons,** vous **restez.** *Ne répétez pas.* |

| M. Duval | Moi, je vais au restaurant avec un client **important.** |
| | Marie, répondez au téléphone pour moi, s'il vous plaît. |
| Marie | Bien, Monsieur. … |

**important** – important (masculine). Notice that the adjective follows the noun.

| Jacques | Où va M. Duval? |
| Jacqueline | Il va au restaurant. |
| Jacques | Avec qui va-t-il au restaurant? |
| Jacqueline | Il va au restaurant avec un client. |
| Jacques | Savez-vous qui est ce client? |
| Jacqueline | Non, je ne sais pas qui est ce client. |
| Jacques | *Question:* Ce client est-il espagnol, français, italien, américain ou anglais? Savez-vous **sa nationalité?** |
| Jacqueline | Non, je ne sais pas sa nationalité. *Répétez.* |
| | Non, je ne sais pas sa nationalité. |
| Jacques | Je ne sais pas quelle est sa nationalité. |
| Jacqueline | Je ne sais pas quelle est sa nationalité. |
| Jacques | … *Ne répétez pas.* |

**sa** – her, his, its. 3rd-person singular possessive adjective. Use **sa** before all feminine singular nouns except those that start with a vowel or **h-.**
**la nationalité** – the nationality

| Pierre | Marie, dites-moi, qui est le client de M. Duval? |
| Marie | C'est **un businessman, un homme d'affaires.** |

| Jacques | Est-ce que c'est un disquaire comme Michel? |

**un businessman** – a businessman. Borrowed from English. **Un homme d'affaires** (a businessman) is the original French expression. **Les affaires** – business (feminine).

| | |
|---|---|
| Jacqueline | Non, ce n'est pas un disquaire comme Michel. |
| Jacques | C'est un homme d'affaires? |
| Jacqueline | Oui, c'est un homme d'affaires. |
| Jacques | Et Pierre? Est-ce que c'est un homme d'affaires ou un étudiant? |
| Jacqueline | C'est un étudiant. |
| Jacques | Et Marie? C'est une secrétaire ou **une femme d'affaires?** |
| Jacqueline | C'est une secrétaire. |
| Jacques | *Ne répétez pas.* |

**une femme d'affaires** – a businesswoman

**Pourquoi poser ces questions?** – Why (do you) ask these questions? **Ces** – these (masculine).
**canadien** – Canadian (masculine)
**vient de Québec** – comes from Quebec, is from Quebec. 3rd-person singular of the verb **venir** – to come. **Québec** is masculine.
**Je le sais.** – I know it. You've already seen **sais,** the 1st-person singular form of the verb **savoir** – to know (a fact or how to do something). **Le** is a masculine objective pronoun; "it" is the fact that Mr. Bolduc is Canadian. Remember that the pronoun **le** (it, him) replaces a noun; the article **le** (the) never appears without a noun.
**un de vos amis** – one of your friends.
**Vos** is the 2nd-person singular polite and plural possessive adjective, used before all plural nouns, such as **amis.**
**de ma famille** – of my family. **Famille** is feminine.
**Quelle coïncidence!** – What a coincidence! **Coïncidence** is feminine. The **ï** means that the vowel **i** is pronounced fully, not blended with the **o.**

| | |
|---|---|
| Pierre | Marie, dites-moi comment s'appelle le client de M. Duval! |
| Marie | Quel client? |
| Pierre | Mais ce client qui va au restaurant avec M. Duval aujourd'hui. |
| Marie | Ah, lui. C'est ... M. Bolduc. |
| Pierre | Il s'appelle Bolduc? Mais ... dites-moi, ... Quelle est la nationalité de ce monsieur? |
| Marie | Pourquoi? Vous êtes bien curieux, Pierre! **Pourquoi poser ces questions?** |
| Pierre | Il est ... **canadien?** |
| Marie | Mais oui! Il **vient de Québec!** ... Mais comment savez-vous que M. Bolduc est canadien, Pierre? |
| Pierre | **Je le sais** parce que M. Bolduc est un ami! |
| Marie | Un ami? Le client de M. Duval est **un de vos amis?** |
| Pierre | Oui, c'est un ami **de ma famille.** |
| Marie | **Quelle coïncidence!** |

| | |
|---|---|
| Jacques | *Question:* Ce client est-il espagnol ou canadien? |
| Jacqueline | Il est canadien. |
| Jacques | *Question:* **Vient-il de** Madrid ou de Québec? |
| Jacqueline | Il vient de Québec. |
| Jacques | Et vous, Monsieur, Madame ou Mademoiselle, quelle est votre nationalité? Je suis ... |
| Jacqueline | Quelle est votre adresse? Mon adresse ... est ...<br>Quel est votre numéro de téléphone? Mon numéro ... |
| Jacques | D'où vient M. Bolduc? |
| Jacqueline | Il vient de Québec. |
| Jacques | Et vous, d'où venez-vous? Je viens ... de ...<br>*Répétez:* D'où venez-vous?<br>***Exemple:*** ... Je viens d'**Amérique**,<br>il vient, elle vient, on vient d'Amérique.<br>Nous **venons** d'Amérique. Vous venez d'Amérique. |

•••

# FIN DE LA **SCÈNE 18**

**Vient-il de ...?** – Does he come from ...?

**exemple** – example (masculine)
**l'Amérique** – America, the United States (feminine)

**venons** – come. 1st-person plural of the verb **venir** – to come.

Let's review some forms of the verb **venir** – to come:
**je viens** – I come
**il vient** – he comes
**elle vient** – she comes
**on vient** – everyone comes
**nous venons** – we come
**vous venez** – you come

# Exercise 18

**1.** Review these adjectives of nationality. Remember that all adjectives must agree in gender and number with the nouns they modify.

|  | Singular | Plural |
|---|---|---|
| Masculine | **français, américain** | **français, américains** |
| Feminine | **française, américaine** | **françaises, américaines** |

Examples:    J'ai un client français.      J'ai deux clients français.

              J'ai une cliente française.     J'ai deux clientes françaises.

**2.** Some other adjectives of nationality:

**anglais**                  **italien**

**japonais**              **canadien**

**chinois** *(Chinese)*       **indien** *(Indian)*

**3.** Complete these sentences with the appropriate form of the adjective **espagnol:**

   **a.** Vous connaissez cette femme d'affaires _____?

   **b.** Elle travaille avec les directeurs _____.

   **c.** Leurs clientes aussi sont _____.

   **d.** Elle vend un produit *(a product)* _____.

**CORRECTION.**

3.   a.   Vous connaissez cette femme d'affaires espagnole?

    b.   Elle travaille avec les directeurs espagnols.

    c.   Leurs clientes aussi sont espagnoles.

    d.   Elle vend un produit espagnol.

# SCÈNE 19

**UNE INVITATION À DÎNER**    A Dinner Invitation

| Jacques | … C'est vendredi. |
| --- | --- |
| | Il est six heures de l'après-midi. Au bureau, |
| | tout le monde **s'arrête** de travailler à six heures. |
| M. Duval | … Alors, Marie **vous venez dîner** chez moi ce soir? |
| Marie | Oui, Monsieur, c'est d'accord! Je viens avec mon ami Michel. … Vous connaissez Michel? |
| M. Duval | Oui, oui, je connais Michel. Il vient au bureau **de temps en temps.** |

s'arrête – stops (himself, herself, oneself). 3rd-person singular of the pronominal verb s'arrêter – to stop (oneself).

Vous venez dîner. – You're coming to dine. Venir + verb (infinitive) means to be coming to (do something). Dîner – to dine.

de temps en temps – from time to time, now and then, occasionally

**ma femme** – my wife
**parfait** – perfect (masculine)

**ses parents** – his parents. **Ses** is the 3rd-person singular possessive adjective; it also means her and one's. Use **ses** before all plural nouns. **Parent** is masculine.
**À ce soir!** – See you tonight! Until tonight!

|  | Vous avez mon adresse? |
| Marie | Oui, Monsieur. |
| M. Duval | Et vous aussi, M. Clément? Vous venez? |
| M. Clément | Oui, à huit heures … avec **ma femme.** |
| M. Duval | Ah! C'est **parfait.** |
| Marie | Et Pierre? Il vient … aussi? |
| M. Duval | Oui, il vient avec **ses parents.** Alors, bonsoir tout le monde! Et **à ce soir!** |
| Marie | À ce soir, M. Duval! À ce soir, M. Clément! |
| M. Clément | À ce soir! |

Jacques    Ce soir, M. et Mme Clément, Marie et Michel,

Pierre et ses parents vont chez M. et Mme Duval.

*Répétez:* Ils vont chez **les Duval.**

**les Duval** – the Duvals. When talking or writing about a couple or a family, French uses the plural article **les** but does not add **-s** to the surname.
**la femme de M. Duval** – Mr. Duval's wife. Literally: the wife (woman) of Mr. Duval.

Ils vont dîner chez les Duval. *Ne répétez pas.*

Mme Duval, **la femme de M. Duval,**

est chez elle. … Elle est dans la cuisine.

**prépare** – is preparing, prepares. 3rd-person singular of the verb **préparer** – to prepare.
**le dîner** – dinner, the evening meal

Elle **prépare le dîner** pour ce soir.

*Répétez:* Mme Duval est dans la cuisine.

Jacqueline    Mme Duval est dans la cuisine.

Jacques    … Elle prépare le dîner. …

*Question:* Qui prépare le dîner, M. ou Mme Duval?

Jacqueline    C'est Mme Duval qui prépare le dîner. *Répétez.*

Jacques    … Le soir, il y a le dîner.

**le déjeuner** – lunch, the midday meal

À midi, il y a **le déjeuner.**

Le matin, il y a **le petit déjeuner.**

*Répétez:* le petit déjeuner.

**le petit déjeuner** – breakfast, the morning meal. Literally: (the) little lunch.

| Jacqueline | Le petit déjeuner. |
|---|---|
| Jacques | … Le déjeuner. |
| Jacqueline | Le déjeuner. |
| Jacques | Maintenant, *ne répétez pas.* Il y a le petit déjeuner … le déjeuner … et le dîner … Il y a **donc** trois **repas. On fait** trois repas. *Répétez:* un repas. Le repas de midi s'appelle le déjeuner. *Question:* Comment s'appelle le repas du soir? |
| Jacqueline | Le repas du soir s'appelle le dîner. |
| Jacques | … Comment s'appelle le petit repas du matin? |
| Jacqueline | Le petit repas du matin s'appelle le petit déjeuner. |
| Jacques | … Est-ce que Mme Duval prépare le petit déjeuner ou le dîner? … |
| Jacqueline | Elle prépare le dîner. |
| Jacques | *Question:* Mme Duval **prépare-t-elle** le dîner |

**donc** – then, therefore
**le repas** – the meal
**On fait …** – People make … One makes … 3rd-person singular of the verb **faire** – to make, to do.

**Prépare-t-elle …?** – Is she preparing …? Does she prepare …? 3rd-person singular of the verb **préparer** – to prepare.

pour beaucoup de monde?

| | |
|---|---|
| Jacqueline | Oui, elle prépare le dîner |
| | pour beaucoup de monde. *Répétez.* |
| | Oui, elle prépare le dîner pour beaucoup de monde. |
| Jacques | *Ne répétez pas. Écoutez* Mme Duval, |
| | la femme de M. Duval. |

**prépare** – am preparing, prepare. 1st-person singular of the verb **préparer** – to prepare.
**la table** – the table. **Préparer la table** means both to set the table and to prepare the meal.
**une amie** – a friend (feminine)
**Ce sont** – These are … They are …
**des amis** – some friends
**des collègues** – some colleagues (masculine and feminine)
**son père** – his father
**la mère** – the mother

| | |
|---|---|
| Mme Duval | … Je **prépare la table** pour ce soir. C'est un grand dîner: il y a neuf personnes. |
| **Une amie** | **Ce sont des amis** de M. Duval? |
| Mme Duval | Oui, des amis et aussi **des collègues** du bureau. Neuf personnes. Il y a cinq hommes: M. Duval, M. Clément, Michel, Pierre et **son père**. Et il y a quatre femmes: Mme Clément, Marie, **la mère** de Pierre et moi. |

| | |
|---|---|
| Jacques | *Question:* C'est une grande table ou une petite table? |
| Jacqueline | C'est une grande table. |
| Jacques | *Répétez:* Il y a cinq hommes et quatre femmes. |
| | *Répétez:* un homme. *Répétez:* une femme. |

**un jeune homme** – a young man
**une jeune fille** – a young woman

**belle** – beautiful, fine, pretty (feminine of **beau**)

| | |
|---|---|
| Mme Duval | Mais Michel est **un jeune homme** … et Pierre aussi! |
| M. Duval | Et Marie est **une jeune fille,** une très **belle** jeune fille…. |
| Mme Duval | Paul! |

| | |
|---|---|
| Jacques | Un jeune homme; une jeune fille. |
| | … *Ne répétez pas.* |

| | |
|---|---|
| Une amie | Oh là, là! Ça fait beaucoup de monde! |
| Mme Duval | Oui, avec nous, ça fait neuf personnes. |

| | |
|---|---|
| Jacques | *Question:* Combien de personnes **est-ce qu'il y a?** |
| Jacqueline | Il y a neuf personnes. |
| Jacques | Il n'y a pas quatre personnes, il y a neuf personnes. |
| | … *Répétez:* Il y a …  Il n'y a pas. |
| | *Question:* Est-ce qu'il y a quatre personnes à dîner? |
| Jacqueline | Non, il n'y a pas quatre personnes à dîner. |
| Jacques | *Répétez:* Est-ce qu'il y a … ou **y a-t-il?** Y a-t-il quatre personnes à dîner? Non, il n'y a pas … |
| Jacqueline | Non, il n'y a pas quatre personnes à dîner. |
| Jacques | Maintenant, *ne répétez pas.* |

**... est-ce qu'il y a ... ?** – are there …? is there …?

**Y a-t-il ...?** – Are there …? Is there …?

| | |
|---|---|
| Mme Duval | … Ah! **On sonne!** On sonne **à la porte!** … Je viens tout de suite! **J'arrive!** … Une minute! **Une petite minute!** J'arrive! |

| | |
|---|---|
| Jacques | … On sonne. … Elle arrive! Une minute! Elle arrive! |

| | |
|---|---|
| Mme Duval | Oui, j'arrive! … Chut! Buck! Viens ici! … |

**On sonne!** – Someone's ringing! The doorbell's ringing! 3rd-person singular of the verb **sonner** – to ring.
**à la porte** – at the door
**J'arrive!** – I'm coming! I'll be right there! 1st-person singular of the verb **arriver** – to arrive.
**Une petite minute!** – Just a minute! Literally: A little minute!

> Buck! Ici! Oh! Ce chien! … Buck! …

**Jacques**      *Question:* Est-ce que M. et Mme Duval

ont un chien?

**Jacqueline**   Oui, ils ont un chien. *Répétez.* Oui, ils ont un chien.

**leur** – their. 3rd-person plural possessive adjective. Use **leur** before all singular nouns.

**Jacques**      Comment s'appelle **leur** chien?

**Jacqueline**   Leur chien s'appelle Buck.

Leur chien s'appelle Buck. Ou: Il s'appelle Buck.

> **Mme Duval**   … Buck, reste ici! … Reste ici! …
> Ah! Bonsoir, M. Clément! Bonsoir, Mme Clément!
> Entrez! Et **bienvenue** chez nous!

**bienvenue …!** – welcome …!

**arrivent** – are arriving, arrive. 3rd-person plural of the verb **arriver** – to arrive.

**Jacques**      Est-ce que M. et Mme Clément **arrivent?**

**Jacqueline**   Oui, M. et Mme Clément arrivent.

> **Mme Duval**   Mais entrez! Entrez! Comment allez-vous?

**entrent** – are entering, enter. 3rd-person plural of the verb **entrer** – to enter.

**Jacques**      … Est-ce que M. et Mme Clément **entrent?**

**Jacqueline**   Oui, M. et Mme Clément entrent.

**Jacques**      … Ils arrivent et ils entrent.

•••

# FIN DE LA **SCÈNE 19**

# Exercise 19

1. **Les repas:**

Le petit déjeuner

    le cafe noir *(black)*, le café au lait *(with milk)* ou le café-crème
    le thé *(tea)*, au lait ou au citron *(with lemon)*
    le jus d'orange *(orange juice)*
    un croissant
    une brioche
    une tartine de pain beurré *(buttered toast)*

Le déjeuner

    les hors-d'œuvre
    le pain *(bread)*
    le vin *(wine)*
    le plat principal *(main dish)*
    la viande *(meat)* ou le poisson *(fish)* avec des légumes *(vegetables)*
    la salade
    le fromage *(cheese)*
    le dessert

Le dîner

    le potage *(la soupe)*
    le pain *(bread)*
    le vin *(wine)*
    le plat principal
    la salade
    le fromage
    le dessert

# Exercise 19

**2.** **La famille:**

Les parents

le grand-père *(grandfather)*
la grand-mère *(grandmother)*
le père *(father)*
la mère *(mother)*
l'oncle *(uncle)*
la tante *(aunt)*

Les enfants *(children)*

le fils *(son)*
la fille *(daughter)*
le frère *(brother)*
la sœur *(sister)*
le cousin *(male cousin)*
la cousine *(female cousin)*
le petit-fils *(grandson)*
la petite-fille *(granddaughter)*

**3.** Complete each sentence using the family vocabulary:

**a.** Le frère de ma mère est mon _____.

**b.** La fille de mon père est ma _____.

**c.** La mère de ma mère est ma _____.

**d.** Le fils de ma tante est mon _____.

# SCÈNE 20

**QUI A TÉLÉPHONÉ?**   Who Telephoned?

| Jacques | … M. et Mme Clément arrivent et |
| --- | --- |
| | ils entrent avec M. Duval. … |

| Mme Duval | Bonsoir, Paul. Ah! M. Clément! Mme Clément! Entrez! Comment allez-vous? |
| --- | --- |
| M. et Mme Clément | Très bien, merci. Et vous? |
| Mme Duval | Très bien. Venez. Il y a **des chaises** … et **un sofa** … très confortable. Asseyez-vous! |
| M. Duval | Oui, asseyez-vous, **je vous en prie.** |
| Mme Clément | Ah! **C'est très beau chez vous!** |
| Mme Duval | Merci. |

des chaises – some chairs (feminine)
un sofa – a sofa
Je vous en prie. – Please do. Gracious expression with several meanings.
Literally: I beg of you.
C'est très beau chez vous! – Your home is beautiful!

| | |
|---|---|
| Jacques | Asseyez-vous sur la chaise! Asseyez-vous! |
| | *Répétez:* S'il vous plaît, asseyez-vous, |
| | je vous en prie! Je vous en prie! |

**plus** – more. Used in comparisons: **Le sofa est plus confortable.** – The sofa is more comfortable.

| | |
|---|---|
| M. Duval | Il y a des chaises mais le sofa est **plus** confortable. |

| | |
|---|---|
| Jacques | … *Ne répétez pas.* |

**un cocktail** – a cocktail
**un apéritif** – a cocktail, a before-dinner drink
**avec plaisir** – with pleasure. For accepting invitations and offers.
**Vous prenez quelque chose?** – Would you like (to have) something? Are you having something? 2nd-person singular polite and plural of the verb **prendre** – to take. Used with food and drink, as English uses **to have.**
**Pas pour moi.** – Not for me. Nothing for me.
**Vous ne prenez rien?** – You're not having anything? You're having nothing? **(Ne) ... rien** means nothing. Here **rien** is a short form of **Je ne prends rien.** The negative **ne ... rien** surrounds the main verb, like **ne ... pas.**
**Pas avant de dîner.** – Not before dinner (dining). **Avant de** + verb (infinitive) means before (doing something).
**Vraiment?** – Truly? Really?
**Je vous en prie.** – But of course. Not at all. Literally: I beg of you. Very polite response to **Excusez-moi,** as well as to **Merci.**

| | |
|---|---|
| Mme Duval | **Un cocktail? Un apéritif?** |
| M. Clément | Oui, **avec plaisir.** |
| Mme Duval | Et vous, Madame? **Vous prenez quelque chose?** Un cocktail? Un apéritif? |
| Mme Clément | Non, merci. **Pas pour moi.** |
| M . Duval | **Vous ne prenez rien?** |
| Mme Clément | Rien, merci. **Pas avant de dîner.** |
| M. Duval | **Vraiment?** |
| Mme Duval | … Paul! Le téléphone! Je suis occupée dans la cuisine. |
| M. Duval | Oui, oui! Excusez-moi. |
| M. et Mme Clément | **Je vous en prie.** |

| | |
|---|---|
| Jacques | … Est-ce qu'on sonne à la porte? |
| Jacqueline | Non, on ne sonne pas à la porte. |
| | Non, on ne sonne pas à la porte. |
| Jacques | … *Question:* C'est le téléphone qui sonne? |
| Jacqueline | Oui, c'est le téléphone qui sonne. |
| Jacques | *Ne répétez pas.* M. Duval répond au téléphone. |

| M. Duval | … Allô? **Comment?** … **Je n'entends pas!** Qui? … Ah! C'est vous, Pierre! Vous n'avez pas mon adresse? Écoutez, il n'y a pas de **problème.** Vous avez un papier et un stylo? Oui? Écrivez mon adresse. C'est 17, rue de Rivoli. Vous venez tout de suite? Avec votre père et votre mère? Parfait! Alors, **à tout de suite,** Pierre! À tout de suite! |
|---|---|
| Mme Duval | C'est Pierre qui **a téléphoné?** |
| M. Duval | Oui, **il arrive dans dix minutes.** |

| Jacques | *Répétez:* Pierre a téléphoné. |
|---|---|
| Jacqueline | Pierre a téléphoné. |
| Jacques | *Question:* **Est-ce qu'il a téléphoné** à M. Duval? |
| Jacqueline | Oui, il a téléphoné à M. Duval. *Répétez.* |
| | Oui, il a téléphoné à M. Duval. |
| Jacques | Est-ce que Pierre **a parlé** à M. Duval? |
| Jacqueline | Oui, il a parlé à M. Duval. Oui, il a parlé à M. Duval. |
| Jacques | Est-ce que M. Duval **a écouté** Pierre? |
| Jacqueline | Oui, M. Duval a écouté Pierre. |
| | Oui, il a écouté Pierre. |
| Jacques | *Répétez:* Maintenant, il parle … Il a parlé! |
| | … Maintenant, il téléphone … Il a téléphoné. |
| | *Répétez:* J'ai, vous avez, il a … |

**Comment?** – Pardon?

**Je n'entends pas!** – I can't hear (you)! 1st-person singular of the verb **entendre** – to hear.

**un problème** – a problem

**À tout de suite!** – See you very soon! See you in a few minutes!

**a téléphoné** – telephoned. 3rd-person singular past tense of the verb **téléphoner** – to telephone. To form the past tense (**passé composé**) of most verbs, combine the present tense of **avoir** with the past participle of the main verb. **Avoir** agrees with the subject in gender and number: **(Pierre) a.** To form the past participle of regular verbs ending in **-er,** replace **-er** with **-é: téléphoner** becomes **téléphoné.**

**Il arrive dans dix minutes.** – He's arriving in ten minutes. Here the present tense describes something happening in the very near future.

**Est-ce qu'il a téléphoné?** – Did he telephone?

**a parlé** – spoke. 3rd-person singular **passé composé** of the verb **parler** – to speak.

**a écouté** – listened (to). 3rd-person singular **passé composé** of the verb **écouter** – to listen.

Let's review some **passé composé** forms of the verb **écouter** – to listen:

**j'ai écouté** – I listened
**vous avez écouté** – you listened
**il a écouté** – he listened
**elle a écouté** – she listened
**nous avons écouté** – we listened
**ils ont écouté** – they listened
**elles ont écouté** – they listened (feminine)

**ont parlé** – spoke. 3rd-person plural **passé composé** of the verb **parler** – to speak.

**Je vous présente ...** – I introduce ... (to you). I present ... (to you). 1st-person singular of the verb **présenter** – to introduce, to present. Notice the objective pronoun **vous.** In French, you mention both the person being introduced and the person to whom someone is being introduced.

**J'ai écouté, vous avez écouté,**

**il a écouté, nous avons écouté,**

**ils ont écouté.**

*Question:* Pierre et M. Duval

**ont parlé** au téléphone?

| | |
|---|---|
| Jacqueline | Oui, ils ont parlé au téléphone. |
| | Oui, ils ont parlé au téléphone. |
| Jacques | *Ne répétez pas.* ... Maintenant, |
| | Pierre, son père et sa mère arrivent chez les Duval. |

| | |
|---|---|
| M. Duval | Bonsoir! Entrez! |
| Pierre | M. Duval, **je vous présente** mon père et ma mere. |
| M. Duval | Enchanté! |
| Le père de Pierre | Enchanté! |
| La mère de Pierre | Enchantée! |

| | |
|---|---|
| Jacques | *Question:* C'est le père et la mère de Pierre? |
| Jacqueline | Oui, c'est le père et la mère de Pierre. |
| | Oui, c'est le père et la mère de Pierre. |
| Jacques | ... Alors ce sont les parents de Pierre? |
| | Oui, ce sont les parents ... |

| Jacqueline | Oui, ce sont les parents de Pierre. |
| | Oui, ce sont les parents de Pierre. |
| Jacques | *Répétez:* **Ce ne sont pas** les parents de Marie. |
| Jacqueline | Ce ne sont pas les parents de Marie. |
| Jacques | *Ne répétez pas.* |

**Ce ne sont pas ...** – They are not ...

| M. Duval | ... Je vous présente ma femme, et voici M. Clément, le professeur de Pierre, et Mme Clément. |
| Les parents de Pierre | Enchanté(e)! |
| Pierre | Marie n'est pas ici? |
| Mme Duval | Non, Marie et son ami Michel ne sont **pas encore** ici. |

**pas encore** – not yet

•••

# FIN DE LA **SCÈNE 20**

# Exercise 20

**1.**   The **passé composé** of most verbs is formed with the present tense of **avoir** + the past participle of the verb. Study these examples:

| Infinitive: | **parler (-er)** | **répondre (-re)** | **finir (-ir)** |
|---|---|---|---|
| Past participle: | **parlé** | **répondu** | **fini** |
| | j'ai parlé | j'ai répondu | j'ai fini |
| | tu as parlé | tu as répondu | tu as fini |
| | il a parlé | il a répondu | il a fini |
| | elle a parlé | elle a répondu | elle a fini |
| | on a parlé | on a répondu | on a fini |
| | nous avons parlé | nous avons répondu | nous avons fini |
| | vous avez parlé | vous avez répondu | vous avez fini |
| | ils ont parlé | ils ont répondu | ils ont fini |
| | elles ont parlé | elles ont répondu | elles ont fini |

Examples:   J'ai parlé à Pierre.
M. Duval a répondu au téléphone.
Ils ont fini le dîner à dix heures.

**2.**   Negative forms of the **passé composé:**

| | | |
|---|---|---|
| je n'ai pas parlé | je n'ai pas répondu | je n'ai pas fini |
| tu n'as pas parlé | tu n'as pas répondu | tu n'as pas fini |
| il n'a pas parlé | etc. | etc. |
| etc. | | |

**3.**   Interrogative forms of the **passé composé:**

| | | |
|---|---|---|
| Est-ce que j'ai parlé? | Est-ce que j'ai répondu? | Est-ce que j'ai fini? |
| As-tu parlé? | As-tu répondu? | As-tu fini? |
| etc. | etc. | etc. |

# Exercise 20

**4.** The **passé composé** of these verbs follows the pattern you've just learned but uses special past participles:

| Infinitive: | **avoir** | **être** | **dire** | **écrire** |
|---|---|---|---|---|
| Past participle: | **eu** | **été** | **dit** | **écrit** |
| | j'ai eu | j'ai été | j'ai dit | j'ai écrit |
| | tu as eu | tu as été | tu as dit | tu as écrit |
| | il a eu | il a été | il a dit | il a écrit |
| | etc. | etc. | etc. | etc. |

| Infinitive: | **faire** | **lire** | **mettre** | **ouvrir** |
|---|---|---|---|---|
| Past participle: | **fait** | **lu** | **mis** | **ouvert** |
| | j'ai fait | j'ai lu | j'ai mis | j'ai ouvert |
| | tu as fait | tu as lu | tu as mis | tu as ouvert |
| | il a fait | il a lu | il a mis | il a ouvert |
| | etc. | etc. | etc. | etc. |

| Infinitive: | **prendre** | **savoir** | **vouloir** |
|---|---|---|---|
| Past participle: | **pris** | **su** | **voulu** |
| | j'ai pris | j'ai su | j'ai voulu |
| | tu as pris | tu as su | tu as voulu |
| | il a pris | il a su | il a voulu |
| | etc. | etc. | etc. |

**5.** Write the answers:

   **a.** Les Duval ont-ils écrit les invitations pour dîner?

   **b.** Est-que Marie a voulu dîner chez les Duval?

   **c.** Est-ce que Pierre a téléphoné chez les Duval?

   **d.** M. Duval a-t-il entendu Pierre?

   **e.** Qui a ouvert la porte pour Pierre et ses parents?

   **f.** Est-ce que Pierre a présenté ses parents à M. Duval?

**g.** Qu'est-ce que les parents de Pierre ont dit pendant *(during)* les introductions?

**h.** Qui a fait le dîner chez les Duval?

**6.** Comparative expressions:

Superiority: **plus** + adjective (or adverb) + **que**
> Le sofa est plus confortable que la chaise.

Inferiority: **moins** + adjective (or adverb) + **que**
> La chaise est moins confortable que le sofa.

Equality: **aussi** + adjective (or adverb) + **que**
> La chaise est aussi confortable que le sofa.

**7.** Complete these sentences:

**a.** Marie est _____ jeune que M. Duval.

**b.** M. Duval est _____ jeune que Marie.

# SCÈNE 21

**BON APPÉTIT!**

## Enjoy the Meal!

| Jacques | ... Michel et Marie sont dans la rue. *Écoutez:* ... |
|---|---|
| | **Il pleut.** Écoutez Marie et Michel. |

| Marie | ... Oh! Michel, **regardez comme il pleut!** |
|---|---|
| Michel | Oui, il pleut beaucoup. Heureusement, j'ai **un parapluie,** un grand parapluie! |
| Marie | **Assez** grand pour **tous les deux?** |
| Michel | **Bien sûr!** |
| Marie | Alors, **ouvrez-le!** Ouvrez-le vite! |
| Michel | ... Voilà! |
| Marie | Attention! ... **Il fait du vent! Quel vent!** **Attention au** parapluie! |

**Il pleut.** – It's raining. Only present-tense form of the verb **pleuvoir** – to rain.
**Regardez comme il pleut!** – Look how (much) it's raining! Polite imperative of the verb **regarder** – to watch, to look at.
**un parapluie** – an umbrella
**assez** – enough
**tous les deux** – both of us
**Bien sûr!** – Of course!
**Ouvrez-le!** – Open it! Polite imperative of the verb **ouvrir** – to open.
**Il fait du vent!** – It's windy! 3rd-person singular of the verb **faire** – to make, to do.
**Quel vent!** – What a wind! **Vent** is masculine.
**Attention au ...!** – Look out for the ...!

**J'appelle ...** – I'm calling ... 1st-person singular of the verb **appeler** – to call.

| Michel | **J'appelle** un taxi: Taxi! |
| Marie | Ah! Enfin! Voilà un taxi! ... |

| Jacques | *Répétez:* Michel prend un taxi avec Marie. |
| | Est-ce que Michel prend **l'autobus?** |

**l'autobus** – the bus (masculine)

| Jacqueline | Non, il ne prend pas l'autobus. *Répétez.* |
| | Non, il ne prend pas l'autobus. |

**le métro** – the metro, the underground, the subway

| Jacques | *Question:* Michel prend-il **le métro?** |
| Jacqueline | Non, il ne prend pas le métro. |

**l'avion** – the plane (masculine)

| Jacques | Prend-il **l'avion?** |
| Jacqueline | Non, il ne prend pas l'avion! |
| Jacques | ... Qu'est-ce qu'il prend? Un taxi? |
| Jacqueline | Oui, il prend un taxi. |
| Jacques | Avec qui? |
| Jacqueline | Avec Marie. |
| Jacques | ... *Répétez:* Pas le métro, pas l'autobus, pas l'avion ... |
| | mais un taxi! |
| | *Ne répétez pas.* Nous sommes chez les Duval. |

**Ce doit être ...** – That must be ... 3rd-person singular of the verb **devoir** – must, should.
**des fleurs** – some flowers (feminine)
**J'aime ...** – I love ... I like ... 1st-person singular of the verb **aimer** – to love, to like.

| Mme Duval | ... Ah! On sonne! **Ce doit être** Marie! |
| | Oui, c'est Marie et Michel. Enfin! |
| Michel | Voici **des fleurs** pour vous, Mme Duval. |
| Mme Duval | Oh! Merci! **J'aime** beaucoup les fleurs. Et ce sont |

| | |
|---|---|
| Michel<br>Mme<br>Clément | **des roses!** … **J'adore** les roses! **Que vous êtes gentil,** Michel! Vous êtes **trop gentil!**<br>Mais non, **ce n'est rien.** Et **ça me fait plaisir.**<br>Que vous êtes **élégante,** Marie! |

| | |
|---|---|
| Jacques | *Répétez:* une fleur. Michel **donne** des fleurs<br><br>à Mme Duval.<br><br>Est-ce qu'il donne un disque à Mme Duval?<br><br>Non, il ne donne pas … |
| Jacqueline | Non, il ne donne pas de disque à Mme Duval.<br><br>Non, il ne donne pas de disque à Mme Duval. |
| Jacques | … Qu'est-ce qu'il donne à Mme Duval? |
| Jacqueline | Il donne des fleurs à Mme Duval. |
| Jacques | … *Répétez:* Il donne, nous **donnons,** vous **donnez.**<br><br>*Ne répétez pas.* |

| | |
|---|---|
| M. Duval | Alors maintenant, tout le monde est ici? |
| Mme Duval | Oui, Paul. Tout le monde **est arrivé.** Alors, **à table!** |
| Pierre | … **Qu'est-ce qu'elle a dit? Je n'ai pas entendu.** |
| Marie | Elle a dit: "À table!" Venez, Pierre!<br>Allons à table! Venez, Michel! |
| Mme Duval | … À table! M. Clément, asseyez-vous ici. |
| M. Clément | D'accord. … |
| Mme Duval | Mme Clément, ici. |
| Mme<br>Clément | Merci. … |

**des roses** – some roses (feminine)
**J'adore …** – I adore … 1st-person singular of the verb **adorer** – to adore.
**Que vous êtes gentil!** – How kind you are! How kind of you!
**trop gentil** – very kind (masculine). Here, **trop** means very, not excessively.
**Ce n'est rien.** – It's nothing. Used for polite acceptance.
**Ça me fait plaisir.** – It's my pleasure.
**élégante** – elegant, stylish (feminine)
**donne** – is giving, gives. 3rd-person singular of the verb **donner** – to give.
**à** – to (a person)

**donnons** – are giving, give
**donnez** – are giving, give

**est arrivé** – has arrived, is here. **Passé composé** of **arriver** – to arrive. **Arriver** is one of several verbs that form the **passé composé** by using the present tense of **être** (not **avoir**) with the past participle of the main verb. **Être** and the past participle agree with the subject in gender and number.
**À table!** – Dinner is ready! Literally: To the table!
**Qu'est-ce qu'elle a dit?** – What did she say? Notice the past participle of **dire** – to say, to tell.
**Je n'ai pas entendu.** – I didn't hear. I didn't understand. Notice that **ne** and **pas** surround the auxiliary verb **avoir** (not the past participle).

**à droite** – to the right, on the right
**à gauche** – to the left, on the left

| Mme Duval | Les parents de Pierre, devant M. Duval. … Paul, ici, devant moi. Michel, ici, **à droite.** … Et Marie, ici, **à gauche.** … |
|---|---|
| M. Duval | Tout le monde est assis? Alors, bon appétit! |
| Mme Duval | Bon appétit! |

Jacques       *Répétez:* Maintenant, tout le monde est assis à table.

… Michel est assis à droite. … Marie est assise à gauche. *Répétez:* à droite, à gauche. *Ne répétez pas:* Tout le monde est assis pour dîner.

**Du vin?** – (Would you like) some wine? Masculine. French uses the article **du, de la, de l', des** before portions of food and drink.
**très bon** – very good (tasting)
**le camembert** – Camembert, a soft, ripened cheese
**boit** – is drinking, drinks. 3rd-person singular of the verb **boire** – to drink.

| M. Duval | … **Du vin,** M. Clément? |
|---|---|
| M. Clément | Oui, merci, mais un peu seulement. |
| M. Duval | Il est **très bon** avec ce **camembert.** |

Jacques       … M. Clément **boit** du vin.

Jacqueline    … *Répétez:* Il boit.

Jacques       … *Question:* Est-ce qu'il boit du vin ou

**du Coca-Cola** – some Coca-Cola (masculine)

**du Coca-Cola?**

Jacqueline    Il boit du vin.

**mange** – is eating, eats. 3rd-person singular of the verb **manger** – to eat.
**du fromage** – some cheese (masculine)

Jacques       … Il **mange du fromage.**

| M. Clément | … Mmm! C'est bon! |
|---|---|

Jacques       *Répétez:* On boit et on mange.

| M. Clément | … Il est très bon, ce vin. Mmm! **Délicieux!** |
| M. Duval | C'est **un Bordeaux.** Il vient de Bordeaux, comme ma femme! |
| M. Clément | Vous venez de Bordeaux, Mme Duval? |
| Mme Duval | Oui, oui, je suis de Bordeaux mais **je n'aime pas** beaucoup le vin. Je ne bois pas beaucoup d'**alcool.** |

**Délicieux!** – Delicious! Masculine to agree with **vin.**
**un Bordeaux** – a Bordeaux wine
**Je n'aime pas …** – I don't like … I dislike …
**l'alcool** – alcohol (masculine)

Jacques    *Ne répétez pas.*

| Michel | … Écoutez, tout le monde! … Savez-vous quel jour c'est, aujourd'hui? |
| Les autres | Non, pourquoi? **Qu'est-ce qu'il y a** aujourd'hui? |
| Michel | Aujourd'hui, c'est **le 18 avril:** c'est **l'anniversaire** de Marie! |
| Pierre | L'anniversaire de Marie? Aujourd'hui? |
| Michel | **Mais oui.** |
| Pierre | Dites, Marie, c'est vrai? |
| Marie | Eh bien, oui! C'est vrai. Aujourd'hui, c'est vraiment mon anniversaire. |
| Les autres | Ah! **Joyeux anniversaire,** joyeux anniversaire … Bravo! |
| Pierre | **Quel âge avez-vous,** Marie? |
| M. Clément | Vous êtes … bien curieux, Pierre! |
| Marie | **J'ai vingt ans.** |
| Michel | Elle a vingt ans. |
| Les autres | Joyeux anniversaire, Marie! |
| Marie | Merci. |

**Qu'est-ce qu'il y a?** – What is there?
**le 18 avril** – April 18. Notice that French dates give the number of the day before the month. The masculine definite article always precedes the number.
**l'anniversaire** – the birthday, the anniversary (masculine)
**Mais oui.** – Yes indeed. Emphatic; literally: But yes.
**Joyeux anniversaire!** – Happy birthday!
**Quel âge avez-vous?** – How old are you? Literally: What age do you have?
**J'ai vingt ans.** – I'm twenty years old.
**Avoir … ans** means to be … years old.

Jacques    *Question:* Est-ce que c'est votre anniversaire?

Jacqueline    Non, ce n'est pas mon anniversaire.

Non, ce n'est pas mon anniversaire.

Jacques    Est-ce l'anniversaire de Michel ou de Marie?

Jacqueline    C'est l'anniversaire de Marie.

| | |
|---|---|
| Jacques | *Répétez:* On dit "Joyeux anniversaire" à Marie. |
| Jacqueline | On dit "Joyeux anniversaire" à Marie. |

| | |
|---|---|
| Pierre | Quel âge avez-vous? |
| Marie | J'ai vingt ans. |

**Quel âge a-t-elle?** – How old is she?

| | |
|---|---|
| Jacques | **Quel âge a-t-elle?** Elle a … |
| Jacqueline | Elle a vingt ans. *Répétez.* Elle a vingt ans. |
| Jacques | Et quel âge avez-vous? J'ai … |
| Jacqueline | J'ai … Vous êtes trop curieux, Jacques! |
| Jacques | Excusez-moi, Jacqueline! |
| Jaqueline | Je vous en prie. |

•••

# FIN DE LA **SCÈNE 21**

# Exercise 21

**1.** Study these verbs. Notice that the verb **manger** has an **e** in the **nous** form to preserve the soft **g** sound before **o**. **Recevoir** *(to receive)* has a **ç** to preserve the soft **c** sound before **o** in the present tense and before **u** in the past participle.

|  | **manger** | **boire** | **recevoir** |
|---|---|---|---|
| Present | je mange | je bois | je reçois |
|  | tu manges | tu bois | tu reçois |
|  | il mange | il boit | il reçoit |
|  | elle mange | elle boit | elle reçoit |
|  | on mange | on boit | on reçoit |
|  | nous mangeons | nous buvons | nous recevons |
|  | vous mangez | vous buvez | vous recevez |
|  | ils mangent | ils boivent | ils reçoivent |
|  | elles mangent | elles boivent | elles reçoivent |
| Past participle | **mangé** | **bu** | **reçu** |
| Passé composé | j'ai mangé | j'ai bu | j'ai reçu |
|  | tu as mangé | tu as bu | tu as reçu |
|  | il a mangé | il a bu | il a reçu |
|  | etc. | etc. | etc. |

Examples: Madame et moi, nous ne buvons pas d'alcool.

Michel et Marie donnent des fleurs à Mme Duval qui reçoit les fleurs avec grand plaisir.

**2.** Write the answers in the **passé composé:**

**a.** **(manger)** _____-vous _____ le dîner?

**b.** **(boire)** J' _____ trop de vin chez les Duval.

**c.** **(recevoir)** Elle _____ votre lettre ce matin.

**d.** **(lire)** Elles n'_____ pas _____ ces lettres.

**e.** **(savoir)** Vous _____ répondre à cette question.

# Exercise 21

   **f.**  **(vouloir)** Tu n'_____ pas _____ aller au cinéma?

   **g.**  **(ouvrir)** Nous _____ la fenêtre.

   **h.**  **(être)** L'étudiant _____ intelligent.

   **i.**  **(avoir)** Il _____ deux minutes pour répondre.

   **j.**  **(faire)** On _____ l'exercice 21!

**3.** **Les saisons** (seasons) et **les mois** (months):

| Le printemps | L'été | L'automne | L'hiver |
|---|---|---|---|
| (spring) | (summer) | (autumn) | (winter) |
| mars | juin | septembre | décembre |
| avril | juillet | octobre | janvier |
| mai | août | novembre | février |

**4.** **Le temps** (weather):

| Il fait beau. | Il fait du soleil. | Il fait du vent. | Il pleut. | Il neige. |
|---|---|---|---|---|
| (It's beautiful.) | (It's sunny.) | (It's windy.) | (It's raining.) | (It's snowing.) |

**5.** Quel est le climat en France? Que pensez-vous (quelle est votre opinion) des quatre saisons?

**CORRECTION.**

2. a. Avez-vous mangé le dîner?
   b. J'ai bu trop de vin chez les Duval.
   c. Elle a reçu votre lettre ce matin.
   d. Elles n'ont pas lu ces lettres.
   e. Vous avez su répondre à cette question.
   f. Tu n'as pas voulu aller au cinéma?
   g. Nous avons ouvert la fenêtre.
   h. L'étudiant a été intelligent.
   i. Il a eu deux minutes pour répondre.
   j. On a fait l'exercice 21!

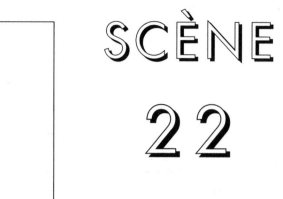

# SCÈNE 22

**MARIE VA À LA POSTE**

**Marie Goes to the Post Office**

Jacques     *Ne répétez pas.*

| M. Duval | ... Je signe, et voilà! |
| Pierre | ... Oh! Quelle belle **signature!** |
| M. Duval | Merci, Pierre. |

Jacques     *Répétez:* un beau stylo, une belle signature.

... C'est la signature de M. Duval.

Est-ce qu'il y a une signature sur la lettre?

**la signature** – the signature. Notice the adjective **belle** – beautiful, fine, pretty (feminine of **beau**).

**Il faut ...** – It's necessary (to) ... One must ... We need (to) ... Only present-tense form of the verb **falloir** – to be necessary. Notice that the verb (infinitive) is used after **Il faut.**

**poster** – to mail, to post

**ces lettres de convocation** – these meeting notices. **Convocation** is feminine, as are all nouns ending in **-tion.**

**poste** – (I'll) mail. (I'll) post. 1st-person singular of the verb **poster.** Notice that **toute de suite** expresses the immediate future.

**Faut-il ...?** – Is it necessary to ...? Must one ...? Do we need to ...?

**un cadeau** – a gift

**poste** – is mailing, is posting; mails, posts. 3rd-person singular of the verb **poster.**

**postons** – are mailing, are posting; mail, post. 1st-person plural of the verb **poster.**

**postez** – are posting, are mailing; mail, post. 2nd-person singular polite and plural of the verb **poster.**

**mets** – put (on), place. 1st-person singular of the verb **mettre** – to put, to place.

**un timbre** – a stamp

**des timbres** – stamps (masculine)

**les enveloppes** – the envelopes (feminine)

| | |
|---|---|
| Jacqueline | Oui, il y a une signature sur la lettre. |
| Jacques | ... *Question:* C'est la signature de la secrétaire ou la signature du directeur? |
| Jacqueline | C'est la signature du directeur. |

| | |
|---|---|
| M. Duval | Maintenant, Marie, **il faut poster ces lettres de convocation.** |
| Marie | Bien, Monsieur. Je **poste** les lettres tout de suite. |

| | |
|---|---|
| Jacques | *Question:* **Faut-il** poster des lettres ou **un cadeau** pour Michel? |
| Jacqueline | Il faut poster des lettres. |
| Jacques | ... *Répétez:* Elle **poste** une lettre. Nous **postons,** vous **postez.** |

| | |
|---|---|
| Marie | ... Je **mets un timbre** sur l'enveloppe. |

| | |
|---|---|
| Jacques | ... *Répétez:* un timbre. ... *Question:* Qui met **des timbres** sur **les enveloppes?** Marie? |
| Jacqueline | Oui, c'est Marie qui met des timbres sur les enveloppes. Oui, c'est Marie qui met des timbres sur les enveloppes. |

| M. Duval | Vous avez terminé, Marie? |
|---|---|
| Marie | Oui, Monsieur. |
| M. Duval | Bon, alors prenez les lettres et allez à **la poste.** |
| Marie | Bien, Monsieur. … |
| Pierre | Où allez-vous, Marie, avec **toutes** ces lettres? |
| Marie | Je vais à la poste. Je **vais poster** les lettres. |

| Jacques | *Répétez:* Je vais à la poste. |
|---|---|
| | Je vais poster les lettres. |
| | Est-ce que Marie va à **la banque?** |
| Jacqueline | Non, elle ne va pas à la banque. |
| Jacques | Est-ce qu'elle va à la poste? |
| Jacqueline | Oui, elle va à la poste. |
| Jacques | Qui va poster les lettres, Pierre ou Marie? |
| Jacqueline | C'est Marie qui va poster les lettres. |
| Jacques | Est-ce qu'elle va lire le journal? |
| Jacqueline | Non, elle **ne va pas lire** le journal. *Répétez.* |
| | Non, elle ne va pas lire le journal. |

| Marie | Je vais poster les lettres. |
|---|---|

| Jacques | Qu'est-ce qu'elle va faire? |
|---|---|
| Jacqueline | Elle va poster les lettres. |
| Jacques | … Maintenant, il est **cinq heures et demie.** |

**la poste** – the post office

**toutes** – all, every (feminine plural)
**vais poster** – am going to mail, post. 1st-person singular of the verb **aller** – to go. Remember that **aller** + verb (infinitive) means to be going to (do something).

**la banque** – the bank

**ne va pas lire** – isn't going to read. 3rd-person singular of the verb **aller** – to go. Here is another example of **aller** + verb (infinitive), meaning to be going to (do something). Notice that **ne** and **pas** surround the main verb **va,** not the infinitive **lire.**

**cinq heures et demie** – five-thirty, half past five. **Demie** means half (feminine).

Let's review some **passé composé** forms of the verb **poster** – to mail, to post:

**j'ai posté** – I mailed
**vous avez posté** – you mailed
**elle a posté** – she mailed
**revient** – is returning, returns. 3rd-person singular of the verb **revenir** – to return.
**revenez** – are returning, return
**un télégramme** – a telegram
**avez bien travaillé** – worked well. Notice the position of the adverb **bien**.
**Rentrez.** – Go home. Polite imperative of the verb **rentrer** – to go home, to go back.
**ne comprends pas** – don't understand. Verb **comprendre** – to understand.
**cinq heures et quart** – five-fifteen, quarter past five. **Quart** means quarter (masculine).
**À demain.** – See you tomorrow. Literally: Until tomorrow.

Let's review some **passé composé** forms of the verb **travailler** – to work:
**vous avez travaillé** – you worked
**elle a travaillé** – she worked
**j'ai travaillé** – I worked
**ils ont travaillé** – they worked

Marie **a posté** toutes les lettres.

… Et maintenant, elle **revient** au bureau.

| | |
|---|---|
| M. Duval | Vous **revenez** de la poste, Marie? |
| Marie | Oui, Monsieur. |
| M. Duval | Vous **avez posté** les lettres? |
| Marie | Oui, Monsieur. C'est terminé. **J'ai posté** toutes les lettres. Ah! Et voici **un télégramme** pour vous, Monsieur. |
| M. Duval | Merci beaucoup, Marie. Vous **avez bien travaillé**. **Rentrez** chez vous maintenant. |
| Marie | Rentrer? Maintenant? Mais je **ne comprends pas**. Il n'est pas encore six heures, il est seulement **cinq heures et quart** … |
| M. Duval | Oui je sais qu'il est cinq heures et quart, mais vous avez assez travaillé pour aujourd'hui. Rentrez chez vous, Marie. |
| Marie | Vraiment? Oh! Merci, Monsieur! Au revoir. |
| M. Duval | Bonsoir, Marie. **À demain,** neuf heures. |
| Marie | Oui, Monsieur. À demain! … |

Jacques     … *Répétez:* Vous avez travaillé.

Elle **a travaillé**.

**J'ai travaillé.**

*Question:* Est-ce que M. Duval et Marie

**ont travaillé?**

Jacqueline     Oui, ils ont travaillé.

Jacques     Est-ce qu'ils ont travaillé ensemble?

| | |
|---|---|
| Jacqueline | Oui, ils ont travaillé ensemble. |
| Jacques | *Répétez:* Ils **n'ont pas joué** au tennis, ils ont travaillé. |
| | *Ne répétez pas. Écoutez* **encore une fois** le directeur et la secrétaire. |

**n'ont pas joué** – didn't play. 3rd-person plural **passé composé** of **jouer** – to play.

**encore une fois** – another time, yet again

| | |
|---|---|
| M. Duval | Vous avez beaucoup travaillé pour cette **réunion générale,** Marie. Rentrez chez vous. **Vous pouvez rentrer** chez vous. |
| Marie | **Je peux rentrer** chez moi maintenant? Mais il n'est pas encore l'heure de fermer, Monsieur. |
| M. Duval | **Ça n'a pas d'importance.** Vous pouvez rentrer chez vous. Vous pouvez **partir.** |
| Marie | Oh! Merci, Monsieur. |

**la réunion générale** – the general meeting
**Vous pouvez rentrer.** – You can go home. The verb **pouvoir** + verb (infinitive) means to be able to (do something).
**Je peux rentrer.** – I can go home. I can go back.
**Ça n'a pas d'importance.** – It doesn't matter. It's of no importance.
**partir** – to leave

| | |
|---|---|
| Jacques | *Répétez:* Vous pouvez partir. … |
| | Je **peux,** il **peut,** elle **peut** … |
| | nous **pouvons,** vous **pouvez** … |
| | M. Duval et Marie **peuvent** partir. |
| | *Ne répétez pas.* |

Let's review some forms of the verb
**pouvoir** – to be able to:
**je peux** – I can
**il peut** – he can
**elle peut** – she can
**nous pouvons** – we can
**vous pouvez** – you can
**ils peuvent** – they can

| | |
|---|---|
| Pierre | Vous **partez,** Marie? |
| Marie | Oui, je **pars.** |
| Pierre | Mais je ne comprends pas. Il n'est pas encore six heures! |
| Marie | Ça n'a pas d'importance: Je pars. Je **rentre** chez moi. |

**partez** – are leaving, leave. Verb **partir** – to leave.
**pars** – am leaving, leave. Verb **partir.**

**rentre** – am going home, go home. 1st-person singular of the verb **rentrer** – to go home.

**Attendez!** – Wait! Polite imperative of the verb **attendre** – to wait (for).
**Attendez-moi!** – Wait for me!
**attends** – am waiting, wait. 1st-person singular of **attendre.**

| Pierre | **Attendez!** Attendez une minute! **Attendez-moi!** Je pars avec vous! |
| Marie | D'accord, j'**attends.** |

Jacques      Vous pouvez arrêter la cassette.

•••

FIN DE LA **SCÈNE 22**

# Exercise 22

**1.**    Study the forms of the adjective **tout:**

|            | Singular   | Plural     |
|------------|------------|------------|
| Masculine  | **tout**   | **tous**   |
| Feminine   | **toutes** | **toutes** |

Examples:    J'ai lu tout le livre.         J'ai lu tous les livres.

J'ai lu toute la lettre.      J'ai lu toutes les lettres.

**2.**    Complete these sentences with the appropriate form of the adjective **tout.**

**a.**  Connaissez-vous _____ les clients?

**b.**  _____ les banques sont fermées aujourd'hui.

**c.**  Écoutons _____ la question avant de répondre.

**d.**  Vous avez fini _____ le travail.

**3.**    The pronoun **y** replaces the combination preposition (**à, chez, dans, en, sur, sous,** etc.) + location (city, street, restaurant, store, etc.). Study these examples and notice that **y** precedes the verb:

| | | |
|---|---|---|
| Vous allez <u>au bureau</u>. | = | Vous y allez. |
| Elle va <u>à la poste</u>. | = | Elle y va. |
| Il n'a pas voyagé <u>à Paris</u>. | = | Il n'y a pas voyagé. |
| Tu ne vas pas <u>chez toi</u>. | = | Tu n'y vas pas. |
| Je reste <u>dans la voiture</u>. | = | J'y reste. |
| Nous sommes <u>dans la rue</u>. | = | Nous y sommes. |
| Ils sont <u>en France</u>. | = | Ils y sont. |
| Le stylo est <u>sur la table</u>. | = | Il y est. |
| Les enveloppes sont <u>sous la table</u>. | = | Elles y sont. |

# Exercise 22

**4.** Write the answers with **y:**

    **a.** Est-ce que Marie travaille <u>dans ce magasin</u>?    **c.** Vos cassettes sont-elles <u>chez vous</u>?

    **b.** Est-ce que ce film a joué <u>au cinéma</u>?    **d.** Sommes-nous <u>au Canada</u>?

**5.** The pronoun **en** replaces the combination **de** + noun. Study these examples:

| | | |
|---|---|---|
| Vous mangez <u>des croissants</u>. | = | Vous en mangez. |
| Il boit <u>de la bière</u>. | = | Il en boit. |
| Pierre vient <u>de l'école</u>. | = | Il en vient. |
| Marie revient <u>du bureau</u>. | = | Elle en revient. |

**6.** Write the answers with **en:**

    **a.** Est-ce que vous buvez <u>de la limonade</u>? Oui, nous …

    **b.** Est-ce que Marie vient <u>du bureau</u>? Oui, elle …

    **c.** Est-ce que tu as acheté <u>des disques</u>? Oui, j' …

    **d.** Est-ce que j'ai fait <u>des exercices d'espagnol</u>? Non, vous n' …

# Exercise 22

**CORRECTION.**

2.   a.  Connaissez-vous tous les clients ?
     b.  Toutes les banques sont fermées aujourd'hui.
     c.  Écoutons toute la question avant de répondre.
     d.  Vous avez fini tout le travail.

4.   a.  Non, elle n'y travaille pas.
     b.  Oui, il y a joué. (Non, il n'y a pas joué.)
     c.  Oui, elles y sont. (Non, elles n'y sont pas.)
     d.  Oui, nous y sommes. (Non, nous n'y sommes pas.)

6.   a.  Oui, nous en buvons.
     b.  Oui, elle en vient.
     c.  Oui, j'en ai acheté.
     d.  Non, vous n'en avez pas fait.

# SCÈNE 23

**TROIS ANS APRÈS ...**

**Three Years Later ...**

| | |
|---|---|
| Jacques | *Écoutez. Ne répétez pas.* ... **Un an,** deux ans, trois ans **ont passé**... Marie n'est pas au bureau, Pierre n'est pas au bureau et M. Clément n'est pas au bureau. Pierre, Marie et M. Clément **ne** sont **plus** au bureau. |
| Jacqueline | Ils ne **viennent** plus au bureau? |
| Jacques | Non, Jacqueline. |

**un an** – one year, a year

**ont passé** – have passed. 3rd-person plural **passé composé** of **passer** – to pass.

**ne ... plus** – no ... longer, no ... more

**viennent** – come, are coming. 3rd-person plural of the verb **venir** – to come.

**travaillent** – work, are working. 3rd-person plural of the verb **travailler** – to work.
**C'est fini.** – It's finished.

**Vous voulez dire que ...?** – You mean to say that ...?
**tous les trois** – all three
**là-bas** – over there

**les employés** – the employees (masculine)
**déjeunent** – are eating lunch, eat lunch. Verb **déjeuner** – to eat lunch.
**sûr** – sure, certain (masculine)
**savent** – know. Verb **savoir** – to know (a fact).
**disent** – are saying, say. Verb **dire** – to say.
**le garçon** – the waiter. Literally: the boy.
**une bière** – a beer
**une eau minérale** – a mineral water

**commande** – is ordering, orders (food). Verb **commander** – to order.
**un sandwich au jambon** – a ham sandwich
**Messieurs** – Sirs
**as** – have. 2nd-person singular (informal) of **avoir** – to have.
**des nouvelles** – some news
**ai reçu** – received. **Passé composé** of the verb **recevoir** – to receive.
**m'annonce** – informs me. **annoncer** – to inform, to announce.
**son mariage** – her marriage

| | |
|---|---|
| Jacqueline | Ils ne **travaillent** plus avec M. Clément? |
| Jacques | Non, **c'est fini.** |
| Jacqueline | Mais où sont-ils maintenant? |
| Jacques | Pour savoir où ils sont, venez avec moi. … |
| Jacqueline | **Vous voulez dire que** Pierre, Marie et M. Clément sont **tous les trois là-bas,** dans ce café? |
| Jacques | Non, pas exactement, mais il y a deux autres **employés** du bureau, Émile et Georges, qui **déjeunent** là-bas. Je suis **sûr** qu'ils **savent** où sont Pierre et Marie maintenant. *Écoutons* ce qu'ils **disent.** |

| | |
|---|---|
| **Le garçon** | Qu'est-ce que vous prenez? |
| Émile | **Une bière** pour moi. |
| Georges | **Une eau minérale** pour moi. |

| | |
|---|---|
| Jacques | *Répétez:* Émile **commande** une bière. |
| | Georges commande une eau minérale. |

| | |
|---|---|
| Émile | **Un sandwich au jambon** pour moi. |
| Georges | Pour moi aussi. |
| Le garçon | Bien, **Messieurs.** Lulu, deux sandwichs! |
| Lulu | O.K., tout de suite! |
| Émile | Alors, Georges, tu **as des nouvelles** de Marie? |
| Georges | Oui, j'**ai reçu** une lettre d'elle. Elle **m'annonce son mariage** avec Michel. |

| Émile | … Ah! **Ils se sont mariés! Finalement!** |
|---|---|
| Georges | Oui. Maintenant, ils sont **en vacances** à **Cannes**. |

**Ils se sont mariés.** – They got married (to each other). 3rd-person plural **passé composé** of the pronominal verb **se marier** – to get married.
**Finalement!** – At last! Finally!
**en vacances** – on vacation
**Cannes** – French resort city on the Mediterranean.

| Jacques | *Question:* Où sont Michel et Marie maintenant? |
|---|---|
| Jacqueline | Ils sont à Cannes. |
| Jacques | Ils sont en vacances? |
| Jacqueline | Oui, ils sont en vacances. |
| Jacques | **Ils sont mariés?** |
| Jacqueline | Oui, ils sont mariés. |

**Ils sont mariés?** – Are they married?

| Émile | **Combien de temps** vont-ils rester sur **la Côte d'Azur?** |
|---|---|
| Georges | Trois semaines, je **crois**, je ne suis pas sûr. … |
| Émile | Et **après?** |
| Georges | Après, ils **quittent** la Côte d'Azur et ils **reviennent** à Paris. |

**Combien de temps …?** – How long …? How much time …?
**la Côte d'Azur** – France's Mediterranean coast. Literally: the Coast of Azure.
**crois** – believe. 1st-person singular of the verb **croire** – to believe.
**après** – afterwards, later
**quittent** – leave. 3rd-person plural of the verb **quitter** – to leave.
**reviennent** – return. 3rd-person plural of the verb **revenir** – to return.

| Jacques | *Question:* Combien de temps vont-ils rester à Cannes? |
|---|---|
| Jacqueline | Ils vont rester trois semaines à Cannes. |

| Le garçon | Une bière et une eau minérale … |
|---|---|
| Émile | Merci. |

| Jacques | *Répétez:* Le garçon **a apporté** la bière et l'eau |
|---|---|

**a apporté** – brought. 3rd-person singular **passé composé** of **apporter** – to bring.

**boivent** – are drinking, drink. 3rd-person plural of the verb **boire** – to drink.

**ont soif** – are thirsty. The expression **avoir soif** means to be thirsty; literally: to have thirst.

**Comment va-t-il?** – How is he? Literally: How goes he?

**Pas possible!** – Not possible! Impossible!

**Le temps passe.** – Time passes. Time goes by.

**une pharmacie** – a pharmacy, a drugstore

**est à ...** – belongs to ... The expression **être à ...** means to belong to.

**toujours** – still, always

**Quelle sorte de commerce ...?** – What sort of business ...? **Commerce** is masculine.

minérale. Émile et Georges **boivent.** Ils boivent parce qu'ils **ont soif.**

| | |
|---|---|
| Georges | ... Et Pierre? Tu as des nouvelles de Pierre? ... **Comment va-t-il?** Où est-ce qu'il est maintenant? Qu'est-ce qu'il fait? |
| Émile | Il va bien. Il a vingt ans maintenant. |
| Georges | **Pas possible!** Pierre a déjà vingt ans? |
| Émile | Eh, oui! **Le temps passe.** ... Pierre ne vient plus au bureau parce qu'il est très occupé. Il travaille dans **une pharmacie.** La pharmacie **est à** son père, je crois. |

| | |
|---|---|
| Jacques | *Question:* Quel âge a Pierre maintenant? |
| Jacqueline | Maintenant il a vingt ans. |
| Jacques | *Question:* Est-ce que Pierre vient **toujours** au bureau? Non, il ne vient plus ... |
| Jacqueline | Non, il ne vient plus au bureau. |
| Jacques | Il travaille avec son père ou avec M. Clément? |
| Jacqueline | Il travaille avec son père. |
| Jacques | **Quelle sorte de commerce** a son père, un café ou une pharmacie? Son père a ... |
| Jacqueline | Son père a une pharmacie. |

| | |
|---|---|
| Le garçon | ... Deux sandwichs au jambon! |
| Georges | Merci. |

| Jacques | *Écoutez* **encore un peu** Émile et Georges. |
|---|---|

> | Émile | ... Le professeur? |
> |---|---|
> | Georges | Oui, vous **avez eu** des nouvelles de lui? |
> | Émile | Oui. Il **a été absent** parce qu'il a été **malade.** |
> | Georges | Qu'est-ce qu'il **a eu?** |
> | Émile | Il a eu **une bronchite,** mais maintenant **c'est passé:** il va bien. |

| Jacques | *Question:* Pourquoi M. Clément a-t-il été absent? |
|---|---|
| Jacqueline | Il a été absent parce qu'il a été malade. |
| Jacques | *Question:* Maintenant est-ce qu'il est toujours malade ou est-ce qu'il va **mieux?** |
| Jacqueline | Maintenant il va mieux. |

> | Georges | Alors pourquoi est-ce qu'il ne vient plus au bureau? |
> |---|---|
> | Émile | Parce qu'il n'est pas à Paris. Il est au Canada. ... |
> | Georges | M. Clément est au Canada? |
> | Émile | Oui, il **a quitté** Paris et il **est allé** à Montréal avec sa femme. |

| Jacques | *Question:* M. et Mme Clément **sont allés** en Belgique ou au Canada? Ils sont allés ... |
|---|---|
| Jacqueline | Ils sont allés au Canada. |
| Jacques | Est-ce qu'ils sont allés à Québec ou à Montréal? |
| Jacqueline | Ils sont allés à Montréal. |

**encore un peu** – a little more, a bit more

**avez eu** – (have) had. 2nd-person singular polite and plural **passé composé** of the verb **avoir** – to have. **Eu** is the past participle of **avoir.**

**a été** – was. 3rd-person singular **passé composé** of the verb **être** – to be. **Été** is the past participle of **être.**

**absent** – absent

**malade** – ill, sick

**a eu** – had. 3rd-person singular **passé composé** of **avoir.**

**une bronchite** – (a case of) bronchitis

**C'est passé.** – It's past. It's over.

**mieux** – better

**a quitté** – left. 3rd-person singular **passé composé** of the verb **quitter** – to leave.

**est allé** – went. 3rd-person singular **passé composé** of the verb **aller** – to go. Notice that **aller** uses **être,** not **avoir,** as its auxiliary verb.

**sont allés** – went. 3rd-person plural **passé composé** of **aller.** Remember that the past participle of a verb that takes **être** must agree with the subject in gender and number.

**l'année dernière** – last year
**suis allé** – went. 1st-person masculine
singular **passé composé** of **aller.**
**suis allée** – went. 1st-person feminine
singular **passé composé** of **aller.**
**forme** – forms. 3rd-person singular of
the verb **former** – to form.
**le passé** – the past

**hier** – yesterday

Let's review the **passé composé** forms
of the verb **aller:**
**je suis allé(e)** – I went
**tu es allé(e)** – you went
**il est allé** – he went
**elle est allée** – she went
**nous sommes allé(e)s** – we went
**vous êtes allé(e)s** – you went
**ils sont allés** – they went
**elles sont allées** – they went

**eux** – them (plural of emphatic **lui)**
**fait des conférences** – lectures, gives
lectures. **Conférence** is feminine.
**donne des leçons** – gives lessons.
**Leçon** is feminine.
**la littérature** – literature
**désirez** – desire, want. 2nd-person
singular polite and plural of the verb
**désirer** – to desire.
**l'addition** – the bill, the check (feminine)

| | |
|---|---|
| Jacques | … *Répétez:* Aujourd'hui, je vais à Montréal. **L'année dernière,** je **suis allé** à Montréal. |
| Jacqueline | L'année dernière, je **suis allée** à Montréal. |
| Jacques | *Écoutez.* On **forme le passé** du verbe "aller" avec "être": je suis, tu es, il est, nous sommes, vous êtes, ils sont. |
| Jacqueline | **Hier,** je suis allée, tu **es allé** … il est allé, elle **est allée** … nous **sommes allés,** vous **êtes allés** … ils sont allés, elles **sont allées.** |

| | |
|---|---|
| Georges | … Qu'est-ce qu'ils font à Montréal? Ils sont en vacances, **eux** aussi? |
| Émile | Non, non. Maintenant M. Clément travaille là-bas, à l'Université de Montréal. Il **fait des conférences** et **donne des leçons** de français et de **littérature.** |
| Le garçon | Vous **désirez** quelque chose d'autre, Messieurs? |
| Émile | Non. **L'addition,** s'il vous plaît! |
| Le garçon | Alors, deux sandwichs … une eau minérale … et deux bières … Ça fait … quarante francs. |

•••

FIN DE LA **SCÈNE 23**

# Exercice 23

1. The **passé composé** of certain verbs is formed with the present tense of **être** + the past participle of the verb. The past participle must agree in gender and number with the subject of the verb.
Study these examples:

| Infinitive: | **aller** | **venir** |
|---|---|---|
| Past participle: | **allé** | **venu** |
| | je suis allé(e) | je suis venu(e) |
| | tu es allé(e) | tu es venu(e) |
| | il est allé | il est venu |
| | elle est allée | elle est venue |
| | on est allé | on est venu |
| | nous sommes allé(e)s | nous sommes venu(e)s |
| | vous êtes allé(e)s | vous êtes venu(e)s |
| | ils sont allés | ils sont venus |
| | elles sont allées | elles sont venues |

Some other verbs that form the **passé composé** with **être**:

| Infinitive: | **arriver** | **descendre** (to go down) | **entrer** | **monter** (to go up) |
|---|---|---|---|---|
| Past participle: | **arrivé** | **descendu** | **entré** | **monté** |
| Infinitive: | **mourir** (to die) | **naître** (to be born) | **partir** | **rentrer** |
| Past participle: | **mort** | **né** | **parti** | **rentré** |
| Infinitive: | **rester** | **revenir** | **sortir** (to go out) | **tomber** (to fall) |
| Past participle: | **resté** | **revenu** | **sorti** | **tombé** |

Examples:　Hier, M. Duval est allé au bureau.
Marie n'est pas venue au bureau.
Les employés sont restés au café.
Les bières sont arrivées.

# Exercise 23

**2.**    The **passé composé** of all pronominal verbs is formed with the present tense of **être** + the past participle of the verb. Again, the past participle must agree in gender and number with the subject.
Study these examples:

Infinitive:         **se reposer**
Past participle:    **reposé**                           Negative:

| | |
|---|---|
| je me suis reposé(e) | je ne me suis pas reposé(e) |
| tu t'es reposé(e) | tu ne t'es pas reposé(e) |
| il s'est reposé | il ne s'est pas reposé |
| elle s'est reposée | elle ne s'est pas reposée |
| on s'est reposé | on ne s'est pas reposé |
| nous nous sommes reposé(e)s | nous ne nous sommes pas reposé(e)s |
| vous vous êtes reposé(e)s | vous ne vous êtes pas reposé(e)s |
| ils se sont reposés | ils ne se sont pas reposés |
| elles se sont reposées | elles ne se sont pas reposées |

Some other pronominal verbs that form the **passé composé** with **être:**

| Infinitive: | **s'appeler** | **s'asseoir** | **se marier** | **se rappeler** |
|---|---|---|---|---|
| Past participle: | **appelé** | **assis** | **marié** | **rappelé** |

**3.**    Provide the missing past participles:

**a.** **(se reposer)** Est-ce qu'Émile et Georges se sont _____ à midi?

**b.** **(s'asseoir)** Georges s'est _____ au café.

**c.** **(partir)** Marie est _____ du bureau.

**d.** **(se marier)** Marie et Michel, ils se sont _____ finalement.

**e.** **(aller)** Pierre est _____ travailler avec son père.

**f.** **(venir)** Mme Clément est _____ à Montréal.

**g.** **(se rappeler)** Je me suis _____ tout le monde.

**h.** **(arriver)** Vous *(masculine plural)* êtes _____ pour la dernière scène.

# Exercise 23

**CORRECTION.**

3. a. reposés – b. assis – c. partie – d. mariés – e. allé – f. venue – g. rappelé (rappelée) – h. arrivés (arrivées)

# SCÈNE 24

## LA FIN (HEUREUSE) DE L'HISTOIRE

**The (Happy) Ending of the Story**

| | |
|---|---|
| M. Duval | ... Allô, **Agence Richelieu?** Bonjour, Monsieur. Nous **avons besoin d'**une secrétaire. Est-ce que vous avez **quelqu'un?** ... Non? **Personne?** Ah! Merci. |
| Émile | lls ont quelqu'un? |
| M. Duval | Non, personne. |
| Émile | Ah! |

| | |
|---|---|
| Jacques | *Question:* Il y a quelqu'un ou il n'y a personne? |
| Jacqueline | Il n'y a personne. |

**Agence Richelieu** – Richelieu Agency
**avons besoin d'...** – need ... **Avoir besoin de ...** means to need ...; literally: to have need of.
**quelqu'un** – someone, anyone
**personne** – no one. This is a shortened form of **Vous n'avez personne? Ne ... personne** means no one. Notice that **ne ... personne** surrounds the verb, like **ne ... pas** and **ne ... rien.**

| | |
|---|---|
| Jacques | Est-ce que M. Duval a déjà trouvé une autre secrétaire? Non, il n'a pas encore trouvé … |
| Jacqueline | Non, il n'a pas encore trouvé d'autre secrétaire. |
| Jacques | *Répétez:* Il **continue à chercher** quelqu'un pour **remplacer** Marie. |

| | |
|---|---|
| Georges | Marie, elle, **était** une très bonne secrétaire. … Elle **tapait** bien à la machine, elle était sympathique avec les clients, elle **travaillait** beaucoup … |
| Émile | Et elle travaillait vite! **Tu te rappelles** le jour de cette **fameuse** réunion générale? |
| Georges | Oh oui, bien sûr, **je me rappelle!** |

| | |
|---|---|
| Jacques | Et vous? Vous vous rappelez Marie? C'était la secrétaire de M. Duval, n'est-ce pas? Oui, c'était … |
| Jacqueline | Oui, c'était la secrétaire de M. Duval. Oui, c'était sa secrétaire. |
| Jacques | Et Pierre? … Est-ce qu'il était secrétaire ou étudiant? Il était … |
| Jacqueline | Il était étudiant. |
| Jacques | Alors, il **avait** un professeur? Oui, il avait … |
| Jacqueline | Oui, il avait un professeur. |
| Jacques | … Est-ce que Pierre tapait bien à la machine? |
| Jacqueline | Non, il ne tapait pas bien à la machine. |

**continue à …** – continues to … 3rd-person singular of the verb **continuer (à)** – to continue (to). **Chercher** – to search for, to look for.

**remplacer** – to replace

**était** – was. 3rd-person singular imperfect of the verb **être** – to be. The imperfect tense describes ongoing or habitual events in the past.

**tapait** – typed, used to type. 3rd-person singular imperfect of the verb **taper** – to type.

**travaillait** – worked, used to work. 3rd-person singular imperfect of the verb **travailler** – to work.

**Tu te rappelles …** – You remember … 2nd-person singular (informal) of the pronominal verb **se rappeler** – to remember.

**fameuse** – famous (feminine)

**Je me rappelle!** – I remember! 1st-person singular of **se rappeler.**

**avait** – had, used to have. 3rd-person singular imperfect of the verb **avoir** – to have.

| | |
|---|---|
| Jacques | Il tapait **plus vite que** Marie ou **moins vite que** Marie? |
| Jacqueline | Il tapait moins vite que Marie. |
| Jacques | Et Michel? … Est-ce que vous vous rappelez Michel? Oui, je me rappelle … |
| Jacqueline | Oui, je me rappelle Michel. |
| Jacques | Qu'est-ce qu'il **faisait?** Il travaillait dans un magasin de disques, n'est-ce pas? Oui, il travaillait … |
| Jacqueline | Oui, il travaillait dans un magasin de disques. |
| | Oui, oui, mais … écoutez-moi, Jacques: **tout ça,** c'est du passé! Aujourd'hui, **la situation** est très **différente. Les choses ont changé:** Marie n'est plus ici et M. Duval est **obligé** de **trouver** une nouvelle secrétaire pour **la** remplacer. **Regardez-le!** Il est encore au téléphone: |

| | |
|---|---|
| M. Duval | Est-ce que vous **aurez** quelqu'un **demain?** Vous ne savez pas, vous n'êtes pas **sûre** … Peut-être … Je **vois** … Oui, je sais, c'est très difficile en ce moment. Demain, peut-être? … **C'est entendu.** |

**plus vite que** – more rapidly than
**moins vite que** – less rapidly than
**Plus … que** and **moins … que** express comparisons.

**faisait** – did, used to do (for a living). 3rd-person singular imperfect of **faire** – to make, to do.

**tout ça** – all (of) this
**la situation** – the situation
**différente** – different (feminine)
**Les choses ont changé.** – Things (have) changed. 3rd-person plural **passé composé** of **changer** – to change. **Chose** is feminine.
**obligé** – obliged (masculine)
**trouver** – to find
**la** – her. 3rd-person singular objective pronoun (feminine).
**Regardez-le!** – Look at him! Polite imperative of **regarder** – to watch, to look at. **Le** – 3rd-person singular objective pronoun (masculine).
**aurez** – will have. 2nd-person singular polite and plural future of **avoir.**
**demain** – tomorrow
**sûre** – sure, certain (feminine)
**vois** – see. 1st-person singular of the verb **voir** – to see.
**C'est entendu.** – It's understood. It's agreed.

**demain matin** – tomorrow morning.
Notice the future forms of **téléphoner**.
All verbs use these future endings:

**je ... -rai** – I'll ...
**tu ... -ras** – you'll ...
**il (elle, on) ... -ra** – he'll (she'll, one will) ...
**nous ... -rons** – we'll ...
**vous ... -rez** – you'll ...
**ils (elles) ... -ront** – they'll ...

> Je téléphonerai demain, **demain matin.** Merci, Mademoiselle. Au revoir, Mademoiselle.

| | |
|---|---|
| Jacques | Est-ce que M. Duval va téléphoner demain? |
| Jacqueline | Oui, il va téléphoner demain. |
| | Oui, il téléphonera demain. |
| | Demain, je téléphonerai, ... tu téléphoneras, il téléphonera, ... nous téléphonerons, vous téléphonerez ... ils téléphoneront. |
| Jacques | Mais *écoutez* **ce qui arrive** maintenant: |

**ce qui arrive** – what's happening, what happens
**l'agence d'emploi** – the employment agency (feminine)
**Je ne crois pas.** – I don't believe so. I don't think so.
**à l'appareil** – on the telephone (receiver) (masculine)
**reconnaissez** – recognize. Verb
**reconnaître** – to recognize.
**avez oubliée** – have forgotten. Verb
**oublier** – to forget. Notice that the past participle agrees with the preceding feminine direct object.
**Comment ça va?** – How goes it? How are things?
**vous-même** – you yourself
**mal** – badly
**avez trouvé** – (have) found. Verb
**trouver** – to find.
**catastrophique** – catastrophic, disastrous
**justement** – precisely, as a matter of fact
**C'est pour ça que ...** – That's why ...

| | |
|---|---|
| Georges | ... Monsieur, c'est pour vous! |
| M. Duval | C'est **l'agence d'emploi?** |
| Georges | Non, Monsieur, **je ne crois pas.** |
| M. Duval | Ah! ... Allô? Qui est **à l'appareil?** |
| Marie | C'est moi, Monsieur! Vous ... ne me **reconnaissez** pas? |
| M. Duval | Marie? |
| Marie | Oui! Ah! Vous m'**avez** déjà **oubliée,** hein? |
| M. Duval | Marie! C'est bien vous! Quelle surprise! Quelle bonne surprise! **Comment ça va?** |
| Marie | Très bien. Et **vous-même?** |
| M. Duval | Pas trop **mal.** |
| Marie | Vous **avez trouvé** une nouvelle secrétaire? |
| M. Duval | Eh non, Marie! Pas encore. ... C'est **catastrophique:** on ne trouve personne! Je ne sais pas ce que nous allons faire! |
| Marie | **Justement,** Monsieur: **c'est pour ça que** je vous téléphone. J'ai une amie qui est secrétaire et qui |

| | |
|---|---|
| | cherche justement **un emploi. Si vous voulez,** je **pourrais lui parler.** |
| M. Duval | Oh oui, **absolument! Dites-lui de** venir me **voir le plus tôt possible!** Nous avons besoin de quelqu'un comme vous, Marie. Si votre amie travaille **aussi bien que** vous, je **l'engagerai immédiatement.** |
| Marie | Bon! Je vais lui parler. Elle sera très **contente,** j'en suis sûre. |
| M. Duval | Et nous aussi, nous **serons** très **contents.** Elle **pourra commencer** demain, si elle **veut. Au fait!** Comment s'appelle votre amie? |
| Marie | Elle s'appelle Carmen. Elle est de nationalité **espagnole** mais elle parle plusieurs langues. Elle **habite** en France depuis longtemps. |
| M. Duval | Parfait, parfait! Dites-lui de passer me voir demain. Je **l'attendrai** dans mon bureau. |
| Marie | Entendu. Au revoir, Monsieur. |
| M. Duval | Au revoir, Marie. Merci beaucoup. **Donnez le bonjour** à Michel **de ma part.** |
| Marie | **Je n'y manquerai pas.** |

| | |
|---|---|
| Jacques | Demain, le directeur aura une nouvelle secrétaire. |
| | *Répétez* le futur du verbe "avoir" (**irrégulier**): |
| Jacqueline | **J'aurai,** tu **auras,** il **aura** … nous **aurons,** vous **aurez** … ils **auront.** |
| Jacques | Maintenant *répétez* le futur du verbe "être" (irrégulier aussi): |
| Jacqueline | Je **serai** … tu **seras,** il **sera** … nous **serons,** vous **serez** … ils **seront.** |

**un emploi** – a job
**Si vous voulez …** – If you wish …
**pourrais lui parler** – could speak to her. Conditional (hypothetical) form of **pouvoir.**
**absolument** – absolutely
**Dites-lui de …** – Tell her to …
**voir** – to see
**le plus tôt possible** – as soon as possible
**aussi bien que** – as well as
**l'engagerai** – will hire her. Verb
**engager** – to engage, to hire.
**immédiatement** – immediately
**contente** – happy (feminine)
**serons** – will be. 1st-person plural future of **être.**
**contents** – happy (masculine plural)
**pourra** – will be able to. Future of **pouvoir.**
**commencer** – to begin
**veut** – wishes, wants. Verb **vouloir.**
**Au fait!** – By the way!
**espagnole** – Spanish (feminine)
**habite** – lives, resides. Verb **habiter.**
**l'attendrai** – will wait for her, will expect her. Verb **attendre** – to wait for.
**Donnez le bonjour.** – Say hello.
**de ma part** – from me, for me, on my behalf
**Je n'y manquerai pas.** – I'll make sure to do so.
**irrégulier** – irregular
Notice the future forms of **avoir** and **être.**

**une employée** – an employee

**moins de** – less

| M. Duval | Demain, nous aurons **une** nouvelle **employée** au bureau. Vous serez content, Georges: vous aurez **moins de** travail! Et vous aussi, Émile! |
| Émile | Oui, Monsieur. Ce sera beaucoup mieux. |

**ainsi** – thus, so
**la vie** – life
**se termine** – concludes, ends. 3rd-person singular of **se terminer** – to conclude.
**le programme** – the program
**un grand merci** – a big thank-you

Jacques ... **Ainsi** continue **la vie** au bureau ... Et ainsi **se termine** notre **programme**!

Jacqueline ... Mesdames, Mesdemoiselles, Messieurs, chers amis, **un grand merci** à tous!

**Félicitations!** – Congratulations!

Jacques Vous avez bien travaillé. **Félicitations!** Vous venez de finir la dernière cassette de **ce cours** de français.

**ce cours** – this course (of study)

**N'oubliez pas d' ...** – Don't forget to ... Polite imperative of **oublier.**
**la grammaire** – the grammar

Jacqueline Mais **n'oubliez pas d'**étudier encore les verbes et **la grammaire** dans votre livre! Ça aussi, c'est important si vous voulez parler **sans faire** trop de **fautes.**

**sans faire** – without making
**fautes** – mistakes (feminine)

**À bientôt, j'espère!** – See you soon, I hope! 1st-person singular of **espérer** – to hope.
**Bon voyage!** – Have a good trip! Have a nice trip!

Jacques Au revoir! **À bientôt, j'espère!**

Jacqueline ... Et si vous partez en vacances, **bon voyage!**

•••

# FIN DE LA **SCÈNE 24**

# Exercise 24

1.  The imperfect tense is formed the same way for all verbs except **être.** Replace the 1st-person plural present-tense ending, **-ons,** with the imperfect endings **-ais, -ais, -ait, -ions, -iez, -aient.** Study these examples:

    **finir**                          **avoir**
    (present: **nous finissons**)      (present: **nous avons**)
    je finiss<u>ais</u>                j'av<u>ais</u>
    tu finiss<u>ais</u>                tu av<u>ais</u>
    il finiss<u>ait</u>                il av<u>ait</u>
    elle finiss<u>ait</u>              elle av<u>ait</u>
    on finiss<u>ait</u>                on av<u>ait</u>
    nous finiss<u>ions</u>             nous av<u>ions</u>
    vous finiss<u>iez</u>              vous av<u>iez</u>
    ils finiss<u>aient</u>             ils av<u>aient</u>
    elles finiss<u>aient</u>           elles av<u>aient</u>

    Examples:    L'année dernière, Michel venait au bureau de temps en temps.
                 Marie recevait beaucoup de lettres au bureau.
                 Jacques et Jacqueline voulaient dire au revoir à M. Duval.

2.  The verb **être** adds the same imperfect endings **-ais, -ais, -ait, -ons, -iez, -aient** to a special stem, **ét-:**

    **être**
    j'ét<u>ais</u>              nous ét<u>ions</u>
    tu ét<u>ais</u>             vous ét<u>iez</u>
    il ét<u>ait</u>, etc.       ils ét<u>aient</u>, etc.

    Example:    Il était étudiant.

# Exercice 24

**3.**     The imperfect and the **passé composé** have different uses. The **passé composé** describes completed, specific events in the past. The imperfect describes continuing or habitual events in the past. Compare these examples:

Hier, Marie <u>a téléphoné</u> à M. Duval.

Marie <u>téléphonait</u> beaucoup aux clients quand elle <u>travaillait</u> pour M. Duval.

**4.**     Write the answers in the imperfect:

**a.**   **(venir)** Pierre _____ à l'école tous les jours.

**b.**   **(donner)** M. Clément _____ des cours de français.

**c.**   **(finir)** Marie _____ vite son travail.

**d.**   **(aller)** Michel et Marie _____ en vacances ensemble.

**e.**   **(avoir)** L'Agence Richelieu n' _____ pas de secrétaires.

**f.**   **(être)** Les employés _____ contents d'avoir une nouvelle secrétaire.

**g.**   **(pouvoir)** Vous _____ finir cet exercice.

**h.**   **(dire)** Nous _____ "Au revoir!"

**5.**     The future tense is formed the same way for most verbs: by adding the future endings **-ai, -as, -a, -ons, -ez, -ont** to the infinitive. Study these examples:

**finir:**     je finir<u>ai</u>, tu finir<u>as</u>, il finir<u>a</u>, elle finir<u>a</u>, on finir<u>a</u>,
              nous finir<u>ons</u>, vous finir<u>ez</u>, ils finir<u>ont</u>, elles finir<u>ont</u>

Example: Bientôt, vous finirez cet exercice.

**6.**     Certain verbs add the future endings **-ai, -as, -a, -ons, -ez, -ont** to a special stem rather than to the infinitive. Study these examples:

| | | | |
|---|---|---|---|
| **aller:** j'<u>ir</u>ai | **avoir:** j'<u>aur</u>ai | **être:** je <u>ser</u>ai | **faire:** je <u>fer</u>ai |
| **mourir:** je <u>mourr</u>ai | **pouvoir:** je <u>pourr</u>ai | **recevoir:** je <u>recevr</u>ai | **savoir:** je <u>saur</u>ai |
| **venir:** je <u>viendr</u>ai | **voir:** je <u>verr</u>ai | **vouloir:** je <u>voudr</u>ai | |

# Exercise 24

**7.** Conjugate the verbs **parler** and **savoir** in the future.

# GLOSSARY

• • •

**A**

**absent(e)** absent ......................23
**absolument** absolutely ...............24
**acheter** to buy........................16
**addition** bill, check, tab ............23
**adorer** to adore......................21
**adresse** address.......................15
    **quelle est son adresse?**
    what's his (her) address?.......15
**adulte** adult (noun)....................9
**adulte** adult (adjective) ...............9
**affaires** business .....................18
**âge** age ..............................21
    **quel âge avez-vous?** how
    old are you?....................21
**agence** agency.......................24

**agence d'emploi** employment
    agency ........................24
**agent de police** police officer.........17
**aimable** kind, nice ..................11
**aimer** to love, to like ................21
**ainsi** thus, so ........................24
**alcool** alcohol........................21
**aller** to go ...........................6
**allô?** hello?...........................2
**allumer** to switch or turn on,
    to light ........................14
**alors** so, now then....................3
**alphabet** alphabet....................12
**américain(e)** American ...............1
**Amérique** America, the States .........7
**ami(e)** friend ........................15

**an** year ..............................23
**anglais(e)** English ....................8
**année** year ...........................23
    **l'année dernière** last year........23
**anniversaire** birthday, anniversary...21
**annoncer** to inform, to announce ......23
**août** August..........................21
**apéritif** cocktail .....................20
**appeler** to call .......................11
**apporter** to bring .....................8
**après** after 1; afterwards, later .........23
**après-midi** afternoon ..................14
**arrêté(e)** stopped .....................14
**arrêter** to stop........................5
**arriver** to arrive......................16
**article** article ........................13